中学语文课堂模型建构研究

罗　灿◎主编

中国致公出版社

图书在版编目（CIP）数据

中学语文课堂模型建构研究 / 罗灿主编. — 北京：
中国致公出版社，2021
ISBN 978-7-5145-1500-8

Ⅰ.①中… Ⅱ.①罗… Ⅲ.①中学语文课－课堂教学
－教学研究 Ⅳ.①G633.302

中国版本图书馆CIP数据核字（2021）第155301号

中学语文课堂模型建构研究 / 罗灿主编
ZHONGXUE YUWEN KETANG MOXING JIANGOU YANJIU

出　　版	中国致公出版社	
	（北京市朝阳区八里庄西里 100 号住邦 2000 大厦 1 号楼西区 21 层）	
出　　品	北京言之凿文化发展有限公司	
	（北京市昌平区超前路 35 号）	
发　　行	中国致公出版社（010-66121708）	
作品企划	三名书系	
责任编辑	贺长虹　邓　苗	
责任校对	邓新蓉	
封面设计	言之凿	
内文设计	李　娜	
印　　刷	北京政采印刷服务有限公司	
版　　次	2022年4月第1版	
印　　次	2022年4月第1次印刷	
开　　本	787 mm×1092 mm　1/16	
印　　张	11	
字　　数	198千字	
书　　号	ISBN 978-7-5145-1500-8	
定　　价	45.00元	

编 委 会

基于思维流量的语文课堂模型群建构

本文先解释语文课堂模型、课堂模型群的概念，然后明确思维流量所指，之后重点介绍这个模型群建构的思路和方法，即共同要素的提炼与组合，最后概说国际评估理论对语文课堂模型建构的指导意义。

一、语文课堂模型与课堂模型群

课堂模型，简称"课型"，英文是"lesson type"，是对课堂教学结构形态的抽象描述，由赫尔巴特在《普通教育学》中首次提出。那么所谓语文课堂模型，当然就是对语文课堂教学结构形态的抽象描述。

关于课型的分类，华东师范大学崔允漷教授做过相关的研究（详见《全球教育展望》2015年第1期《新课程改变了中小学课型了吗？——基于证据的初中课堂教学形态分析》），他将课型分为讲授型、互动型、指导型三种。美国学者古德和布罗菲是基于师生关系来研究这个问题的，他们将课型分为不能应对、贿赂学生、铁腕手段、与学生合作四种类型。日本学者佐藤学是基于共同体的性质来研究的，他将课型分为原始共同体课堂、群体型课堂、学习共同体课堂三种。德国学者希尔伯特·迈尔则将课型分为直接教学和开放式教学两种。我国学者王鉴是基于叶澜的"生命·实践"教育学来研究的，他将课型分为知识课堂和生命课堂两种。

为什么说"模型"而不说"模式"呢？主要是鉴于今天许多学校、教师大谈"模式"，认为"模式"是百战百胜的，具有无限能量，并且极想定于一尊，片面夸大成效，回避问题，引得善良而急切希望改变教育落后面貌的领导、教师纷纷学习，结果可想而知。为了避免重蹈覆辙，笔者刻意回避"模式"一词，代之以"模型"，并刻意切割"模式"与"模型"原有的关联，把"模型"与"模式"区别开。人们在教学中通常说的课堂教学模式，往往指课堂教学的程序建构，侧重于课堂教学的程序步骤，一个十分明显的特征是程式化，即一不小心就容易刻板、机械，如课堂教学第一步做什么，第二步做什么，一共有几步，或者教师讲课只能多少分钟，学生展示必须多少分钟，等等。笔者所说的课堂模型，指的是课堂教学的要素提炼和要素组合，即先将课堂教学的要素提炼出来，然后根据课堂教学的不同目标、不同情况将这些要素选择性地加以组合，组成多种课堂模型，具有灵活性。而课堂模型群就是由一系列课堂模型组成的模型群。

语文课堂模型的建构需要相关理论的支撑，一是教学理论或学习理论，二是思维理论，三是评估理论。笔者认为教学理论中的变异理论，思维理论中的批判性思维理论，PIRLS、PISA两种国际教育评估理论，对语文课堂模型的建构有直接的指导作用。

二、课堂对话与思维流量

课堂的本质是师生之间的即时性对话，语文课堂的本质就是语文课上师生之间关于语文的即时性对话。对话的核心意义在于激活学生的思维，从而真正提升学生的语文能力。评价语文课堂效果如何、价值如何，首要的标准就是思维，就是看课堂当中的思维流量到底如何。"思维流量"这一概念是迁移过来的，"流量"一词在百度百科上的解释是这样的：在规定时间内通过一指定点的车辆或行人数量，网络上指在一定时间内打开网站地址的人气访问量。我们使用的"思维流量"这一概念，指的是课堂上学生思维流动的量，也就是学生在课堂上思考了多少有价值的问题，学生思维的梯度如何，学生思维的意义如何。杜威说："不断改进教学方法唯一直接的途径，就是把学生置于必须思考、促进思考和考验思考的情境之中。"他还说过："困惑是思考不可或缺的刺激。""思维流量"这个概念的提出，有意识地针对当下语文课堂上流于表面的形式主义现象，有意识地否定当下语文课堂上无效对话、无意义讨论、无价值展示的现象，有意识地批评语文课堂上一味追求热闹、轻轻滑过文本的教学现象，反对远远离开文本的刻意创新，反对不切学生实际的所谓理论深度，强调语文课堂应该追求源于学生又适度高于学生的对话，以激发学生有意义的思维。

研究语文课堂教学中学生的思维流量，将突破当下语文课堂教学研究局限于形式变化、忽略课堂本质的现状。杜威认为，好的教学必须能唤起儿童的思维。所谓思维，就是明智的学习方法，或者说教学过程中明智的经验方法。在他看来，如果没有思维，那就不可能产生有意义的经验。因此，学校必须提供可以引起思维的情境。

该研究的理论意义在于首创思维流量这一核心概念，我们将进一步解说并界定概念的要义和外延，迄今为止，国内外尚无关于思维流量的概念建构与理论研究；通过深入的研究探索，我们将同时创建课堂教学思维流量、语文课堂教学思维流量等相关核心概念，解说并界定这些概念的内在含义和外延，阐释相关的模型，建构以思维流量为核心的语文课堂模型群的理论，建构以思维流量为核心的语文课堂教学评估标准的理论。

该研究的实践意义在于建构以思维流量为核心的语文课堂模型群和语文课堂教学评估标准，改善师生在语文课堂上教与学的行为，提升语文教师自身的思维品质，培养学生的批判性思维能力，提升学生的整体思维水平。

事实上，国内外研究批判性思维的培养已经成为一种时尚，大量成果已经出现，并逐步引入中小学课堂，但这些成果基本是作为一种单独的教程，局限在介绍思维方法，并没有与学科教学水乳交融。

国内研究课堂教学模式的成果也颇为丰富，据不完全统计，已有6000多种，但基本停留在课堂的教学程序和教学步骤上，其中大部分是形式上的步骤增减，如五步教学引读法、四步骤六环节课堂教学模式等都属于这种类型；或者是顺序的先后变动，如当下流行的翻转课堂，其颠倒的就是学与教的顺序。当下课堂教学模式研究缺乏更进一步的基于思维流量的课堂教学模式或模型研究。

国内研究语文教学的思维能力培养也有不少的成果，但也仅仅停留在思维方法本身，缺乏对课堂教学中思维流量的研究，缺乏通过师生对话以激活学生思维的对课堂本质的研究。

三、共同要素提炼与要素组合

语文课堂教学中激活学生思维有哪些基本的要素？这是基于思维流量的语文课

堂模型群建构的关键所在。笔者以为至少有以下几种要素：

第一，聚焦行为。语文课堂教学目标的设定必须聚焦学生行为及其达成度，因为只有学生行为才能真正激发学生思维，学生思维反过来激励并促进学生行为的有效达成。很多教师按照课程标准的三维目标制定了语文课堂的三维目标，十分机械。其实三维目标是一个行为的三个方面，不是三种目标，也不是三样东西，因为行为本身就承载了知识与能力、过程与方法、情感态度与价值观，是三位一体的。课堂上没有脱离三维目标的孤立的学生行为，三维目标也只能通过学生行为来体现并落实。所以语文课堂教学目标不仅要聚焦学生行为，还要进一步列出行为条件，给出水平要求，也就是说在语文课堂上让学生在什么时间做什么事、做多少事、完成的质量如何，给予明确的设定。这就是包含了情感态度与价值观的"行为目标"。

第二，理解迁移，讲究还原。语文课堂教学要想便于学生理解相关文本或相关知识，必须有意识地引入时代故事、背景故事、作者故事，还原作者当时所处的历史背景、情境。第一种还原是"还原背景"，如要读懂《木兰诗》，就必须知道南北朝时期的"府兵制"，否则无法理解为什么当时的人当兵要自己购买武器装备。第二种还原是还原文本或语文知识原型的多样性、复杂性，这就涉及变异理论，简称"还原变异"，即我们既要考虑共同性和标准正例，也要考虑差异性及各种非标准正例，还要考虑反例，如有的文本不同的朝代有不同的评价，同一个朝代也有不同的评价，甚至有截然相反的评价。第三种还原是还原思维过程，也就是思维可视化，简称"还原思维"，即将语文教学中涉及的问题推导或问题解决的思维过程直观呈现，便于学生理解、掌握，如借助思维导图还原思维过程。通过多种方式的还原，促进学生理解知识，掌握技能，学会应用。

第三，应用评价，注重批判。质疑、反思、批判是培养学生批判性思维的有效途径。第一种方式，可以从多维角度来反思，简称"多维反思"，如不同教材的不同说法，同一国家的不同教材，不同国家的不同教材，不同专家的不同说法。第二种方式，可以引入矛盾冲突来辨析、质疑，简称"矛盾质疑"，如学生对学生的质疑，学生对教师的质疑，教师对学生的质疑，学生对文本的质疑。第三种方式，可以从动态变化的视角看待事物，简称"动态视角"，将时间、空间的变化引入，培养学生用发展、变化的眼光看待事物的习惯。整个教学过程要强调学生的主动性，现在的问题是课堂基本上由教师主导，教师提问，学生回答，学生的主动性太低，因此要强调让学生自己提出问题，让学生学会质疑，学会主动学习。

经过上面的提炼，有如下因素可以作为语文课堂的基本要素：行为目标、还原背景、还原变异、还原思维、多维反思、矛盾质疑、动态视角。这些要素不是一成不变的，在语文课堂教学实践中，还可以提炼新的要素。选择这其中的要素加以组合，可以构成不同的语文课堂模型的初级指标架构。

组合的基本原则有：

第一，将行为目标、还原思维作为基本要素、基本原则，以确保每堂课始终以学生为本，聚焦学生行为，聚焦学生思维，确保教师教学的思维可视化，思路清晰。

第二，根据客观需要（教学内容、学生）灵活选择要素搭配，组合方式可以灵活多变，不搞机械僵硬的程式化教学。

组合方式举例：

A. 行为目标+还原背景+还原变异+还原思维

B. 行为目标+还原背景+多维反思+还原思维

C. 行为目标+多维反思+矛盾质疑+还原思维

D. 行为目标+还原背景+还原变异+多维反思+矛盾质疑+动态视角+还原思维

······

在语文课堂教学实践中需要进一步探索最佳的组合方式，也就是最有益于激活学生有效积极思维的组合方式，探索什么内容用什么方式组合最佳，什么程度的学生用什么方式组合最佳。

四、模型具体指标与评估理论

PIRLS、PISA两种国际教育评估理论，对语文课堂模型群建构的直接指导作用主要体现在帮助制定语文课堂模型的具体指标上。

以PIRLS为例，其全称为国际阅读素养进步评估项目（Progress in International Reading Literacy Study)，由国际教育成就评估协会发起并组织，自2001年起每5年循环一次，测试对象为小学四年级学生。它是小学语文阅读课模型建构的主要依据。PIRLS认为阅读过程是建构文章意义的心智活动，包括：第一，关注并提取明确陈述的信息；第二，进行直接推论；第三，理解并整合观点和信息；第四，检查和评价内容、语言与文本成分。这些都可以直接编入课堂模型的二级、三级指标之中。

除此之外，还包括：第一，筛选信息，包括事件的主角，事件发生的时间、地点、背景，文章的主题、观点；第二，直接推断，包括事情的因果，论据的要点，人物间的关系；第三，综合并解释篇章，包括归纳文章主旨，比较、对比文章中的信息，推断作者的意图，把文章中的信息应用于现实生活并加以解释；第四，评价文章内容和表达形式，包括文中事情的真实性，故事结局的出乎意料程度，文章内容的完整性，表述的清晰度以及形容词的选用及表达效果。这些都可以直接编入课堂模型的四级指标之中。

根据评估理论和课程标准涉及的能力标准，我们可以把语文课堂模型的基本要素具体化，从而使语文课堂模型建构直接落实到提高学生的实际语文能力水平和基本语文素养上。

程红兵

目录
CONTENTS

第一章

文言文教学

还原思维，为理解文本拨云见日

——《邹忌讽齐王纳谏》教学尝试

深圳市第七高级中学　马彦明

　　系统论认为：宇宙、自然、人类社会，按照不同的参照系，都可以划分到相应的系统中去。从这个角度来讲，宇宙、自然、人类社会就通通属于物质与精神世界这个复杂的系统。然而，在研究和学习时，我们往往需要把事物放回到其所在的整体系统与原始状态中去进行考察，于是产生了"还原"的思维。所谓还原，就是把复杂的系统层层分解为其组成部分的过程，是一种由整体到部分、由连续到离散的操作，是对研究对象不断进行分析，恢复其最原始的状态，化复杂为简单的过程。

　　语文是一门兼具人文性和工具性的学科。然而，在日常的教学中，教师对文本的美学价值过分关注，而对作者的真实目的和真正意图置之不理，往往导致课堂停留在语言欣赏的浅层。如此课堂，会导致学生在文本的吉光片羽中晕头转向，一节课貌似学习了很多，但是对文章的真正意图却丈二和尚摸不着头脑。基于以上现象，程红兵校长在《基于思维流量的语文课堂模型群建构》中提出了"还原思维"的概念，程校长认为，"将语文教学中涉及的问题推导或问题解决的思维过程直观呈现，便于学生理解、掌握。"笔者认为，在语文教学的过程中，还原作者的思维，让学生绕到文字表象的背后，返回作者写作的当时当地，能够帮助学生了解作者的思考过程，理解作者的真实目的，从而达到拨云见日的效果。因此，笔者尝试运用还原作者思维的方法，设计了《邹忌讽齐王纳谏》一文的课堂教学，特此提炼总结，以供读者指正。

一、题解切入，探求文本思路

马克思主义哲学认为，事物的内在本质与外在表现是对立统一的辩证关系。就一篇文章而言，文本的外部呈现形式和实际目的之间，也是现象与本质的辩证关系，通过文章的语言这一"现象"把握作者的意图这一"本质"，这应当是语文教学的主要任务。马克思主义认为，要透过现象抓住本质，首先要在实践的基础上，积累大量的现象，尽可能多地占有丰富和真实的感性材料，这是科学认识透过现象抓住本质的前提条件。语文的课堂教学同样需要从语言出发，积累"现象"，形成感性认识。在《邹忌讽齐王纳谏》一课中，笔者从题解切入，引领学生探求文本的思路。

师：同学们，我们今天学习《邹忌讽齐王纳谏》，你们能从题目中了解到什么信息呢？

生1：我了解到了人物——邹忌和齐王。

师：他们之间发生了什么事？

生1：邹忌在"讽"齐王采纳建议。

师：大家知道"讽"是什么意思吗？

生2："讽"是讽谏的意思，就是用暗示、比喻之类的方法委婉地规劝。

师：（展示课件，呈现问题）那大家来找一找，哪一段集中展示了邹忌"讽谏"的内容？他是用什么来"暗示、比喻"的？

学生读课文，找到第二段。齐读。

师：谁来说一说？

生3：邹忌先说自己问不同的人他和徐公谁更美，结果得到了不同答案的事情，然后向齐王进言。

师：能不能具体一些，用什么来比喻什么？

生3：用"妻"来比喻"宫妇左右"，用"妾"来比喻"朝廷之臣"，用"客"来比喻"四境之内"。

本环节的教学，笔者引导学生从题目切入，紧扣"讽"这个字，指导学生理解"讽谏"的含义，让学生明白，这是一篇大臣写给君主的劝谏之文，从而确立学生对本文真实目的的直观感悟，激发学生探求文本的兴趣。紧接着，笔者引领学生沿着常规的理解思路，寻觅文章中集中体现"讽谏"的核心内容，进一步让学生体会"讽谏"的艺术。

二、矛盾质疑，寻觅说客思路

文中的邹忌是一名大臣，甚至可以说是一名说客，他的目的是让齐王听取他的建议。然而，这篇文章写他在进言之前，故意花大量的篇幅生动形象地描述他与徐公比美的事情，学生如果将视线集中在"比美"这一环节，就很容易"乱花渐欲迷人眼"。因此，笔者尝试在教学中引入矛盾，让学生去寻觅邹忌这名说客的思路。

师：大家回想一下题目，邹忌讲话的真正目的是什么？

生：劝谏齐王。

师：从这个角度来看，第二段哪一句话最关键？

生："王之蔽甚矣！"

师：那他前面说的比美的事情有什么作用？

生4：这就是"讽"的作用，他举了自己的例子，更加生动具体，齐王更容易接受。

师：那就是说，邹忌比美这件事仅仅是他向齐王进言的一个引子对不对？那大家思考一下，邹忌作为一名大臣、一名说客，到底是先想到给齐王进言，然后想到了比美的例子呢，还是先比美了，然后觉得这件事很有哲理，要给齐王说一说？哪种可能性更大？

学生激烈讨论。

马克思主义指出，现象是事物的外部联系和表面特征，是事物的外在表现。然而现象按其表现本质的不同方式，可以分为真象和假象。在文学创作的过程中，有些作者为了使文章更加吸引读者，往往会在结构上或者语言上故意颠倒顺序，制造一种"陌生化"的效果。因此，教师引导学生阅读的时候，必须对语言表象以及它们之间的关系进行科学的分析和研究，从而去伪存真，寻找隐藏在现象背后的真实意图。在本环节的教学中，教师引入了矛盾，其目的是让学生质疑，从而启发学生还原邹忌这名说客的思路，进而拨开文本语言的迷雾，见到文章的真正思路。

三、逆向推导，理解作者意图

经过讨论，学生逐渐还原了邹忌的思路，即他的主要目的是劝谏齐王，而比美事件不过是他实现进言的一个手段，甚至有学生怀疑，邹忌有可能根本没有做过比美这件事。纵使我们认为邹忌比美确有其事，这件事也极有可能是有策划、有预谋的，这是由他的身份和意图决定的。当然，这只是学生还原了邹忌的思路之后的推测，能否站住脚呢？文章在第一段不厌其烦地描述了邹忌比美这件事，于是，笔者启发学生阅读第一段，尝试从文章中找到能够证明比美这件事是"有意为之"的"证据"。

师：通过讨论，我们认为邹忌比美这件事极有可能是有策划、有预谋的，但这只是大家的推测。大家能不能从第一段里找出"证据"，证明邹忌比美是有意为之的？

生5：邹忌第一天分别问了妻和妾，可是"旦日，客从外来"，第二天，有客人来他家，他还问这个问题，这就说明，"我孰与城北徐公美"这个问题并不是邹忌一时兴起问的，而很有可能是精心准备的。

生6：从"明日徐公来"这一句可以看出。徐公为什么来邹忌家？很有可能是邹忌特意请他来的，由此更能看出，邹忌是精心设计了比美这件事的。

生7：不仅如此，他还"暮寝而思之"，这件事他想了很久，痕迹太明显了！

生8：而且他比美过程中找的人，正好可以对应国君的"宫妇左右""朝廷之臣""四境之内"。

师：那同学们更深入地想一想，作者在写的时候，为什么要把比美这件事写在最前面？

学生思考。

生9：我觉得作者是按照时间顺序写的，所以把比美写在前面。

师：有一定的道理，但是还有没有更有说服力的理由？

学生思考。

师：大家想一想，如果这篇文章是这样写的，"邹忌欲谏齐王，故与徐公比美，朝服衣冠，窥镜，谓其妻曰……"效果会怎样？

生10：我知道了，这样写别人会觉得邹忌太有心机了！

生11：这样会削弱邹忌忠言进谏的效果和形象。

众所周知，《战国策》是我国古代的一部史学名著，是集中记载战国时期游说之士的著作。书中优美的文辞、生动的语言、富于雄辩与运筹的机智人物形象，是它最大的价值。对于这些纵横捭阖之辞，如果我们仅仅着眼于文字表象，而不能绕到文字背后，了解作者的创作意图，便很容易拘泥于文章言辞而胶柱鼓瑟，很难品味出其中的智慧之趣。本环节的教学，笔者让学生设身处地地将自己带入写作场景，以作者的视角还原写作的过程。正是这种思维的还原为学生提供了写作指导。

回顾本节课的教学，笔者并不是让学生用欣赏的眼光来"膜拜"邹忌，而是通过还原邹忌的游说思维，还原《战国策》编订者的创作思维，让学生绕到文字表象的背后，了解作者的思考过程，理解作者的真实目的，达到拨云见日、水落石出的效果。

如何打通阅读中的"隔"

——以《惠子相梁》为例

深圳明德实验学校　王玉东

法国哲学家丹纳认为，正如植物生长需要水分、空气、土壤，文学艺术也会受到时代、环境的影响。阅读文学艺术作品，若不论时代、环境，恐怕始终走进不了作品的核心。

阅读同一文学艺术作品，读者不同，所得也就不同。涉浅水者得鱼虾，涉深水者得蛟龙。水，涉入深浅有别，所得也就不一。由于时代、环境的变迁，学生读文学作品，难免存在"隔"。因为"隔"的存在，学生阅读无法深入，当然也就进入不了作品的核心。

当下，在阅读教学中，教师对于作品及其作者的"还原"做得还不够。"还原"缺失，学生解读作品时是不顺畅的，是存有"隔"的。作者创作作品是"编码"的过程，读者阅读作品是"解码"的过程。"编码"所成的作品有大结构，也有小结构，若小结构出问题，大结构就"架"不起来；反推之，给作品"解码"时，需要解小结构，也需要解大结构，无论大小结构，"解"出现问题，整个作品势必"解码"不了，或者"解码"不好。因此，学生对作品的解读，是不应该存在"解码"不了或不好的问题的（当然，这是理想化的解读状态。我们要做的就是将问题最小化）。

我们试图以《〈庄子〉故事两则》中的《惠子相梁》为例，运用"还原背景"和"还原情境"的方法，引导学生从文学的层面欣赏这则经典叙事故事，从文化的层面浅近地了解庄子及其思想，尽可能打通学生阅读中的"隔"。

《惠子相梁》原文如下：

惠子相梁，庄子往见之。或谓惠子曰："庄子来，欲代子相。"于是惠子恐，搜于国中三日三夜。庄子往见之，曰："南方有鸟，其名为鹓鶵，子知之乎？夫鹓鶵发于南海，而飞于北海；非梧桐不止，非练实不食，非醴泉不饮。于是鸱得腐鼠，鹓鶵过之，仰而视之曰：'吓！'今子欲以子之梁国而吓我邪？"

这则故事因其鲜明的叙事性而非常耐读。故事不长，但是故事中的人物（庄子、惠子、"或"）形象生动，读罢，庄子不汲汲于名利、惠子追名逐利的思想显而易见。我们不禁要问，叙事者是如何做到的呢？

叙事者在叙事过程中巧设三组矛盾冲突，在一次次的矛盾冲突中深化人物，终使庄子、惠子的形象跃然纸上。这三组矛盾分别是：

庄子见惠子，惠子恐。

惠子搜于国中，庄子往见之。

惠子贪恋相位，庄子视相位如"腐鼠"。

在这三组矛盾冲突中，分析第一组矛盾冲突是有一定难度的。庄子见惠子，惠子感到害怕，原因何在？文中是这样解释的，或谓惠子曰："庄子来，欲代子相。"

惠子听到门徒（姑且将"或"理解为门徒）的话，会有怎样的行动呢？在这里，我们不妨运用"还原情境"法，将自己放在惠子的位置上做出分析与判断。按照常理，有人远道而来，有可能抢走自己手中的"蛋糕"，此时，我们所要做的恐怕就是保护手中的"蛋糕"，阻止有可能发生的恶性事件。这种还原出来的假设情境是完全站得住脚的，趋利避害是人之本性。通过分析，我们发现叙事中的第一组矛盾冲突好像过于简单，并不是很明显。个人以为，倘若只是按照叙事文本来做字面的分析，规避故事的来龙去脉，那么对这一组矛盾冲突的精彩之处的解读就只能停留在表象，矛盾冲突的"张力"就无法被发掘出来。

对于第一组矛盾冲突"张力"的发掘，有待我们还原背景，把发生在庄子身上的故事还原到《庄子》当中，在《庄子》"群文"这一大背景下解读。

我们来看同样出自《庄子》的另一则故事：

　　庄子送葬，过惠子之墓，顾谓从者曰："郢人垩慢其鼻端，若蝇翼，使匠石斫之。匠石运斤成风，听而斫之，尽垩而鼻不伤，郢人立不失容。宋元君闻之，召匠石曰：'尝试为寡人为之。'匠石曰：'臣则尝能斫之。虽然，臣之质死久矣。'自夫子之死也，吾无以为质矣！吾无与言之矣。"

　　庄子对送葬的人说："自夫子之死也，吾无以为质矣！吾无与言之矣。"由此可见，庄子与惠子是辩友、是至交。

　　通过还原背景，我们发现庄子远道而来见老朋友惠子，作为东道主、老朋友的惠子本应该以礼相迎，可按照故事的发展，惠子感到害怕（原因见上文）。老朋友来见，惠子的行为确实反常，这种极具"张力"的反常行为，是需要我们在还原背景的基础上深入解读的。

　　通过上述解读，我们感受到第一组矛盾冲突的"张力"，从文学层面欣赏这则经典叙事故事的目标也近于达成。（当然，这则故事还可以从其他角度做文学层面的欣赏。作为选文，个人以为选一个学生"跳一跳就能摘到桃子"的"点"，引导学生做分析即可，无须面面俱到。）

　　我们再次还原情境，如果没有人告诉惠子"庄子来，欲代子相"，作为庄子的老朋友，惠子会害怕吗？答案恐怕是否定的。由此可见，惠子的害怕源于他人的谗言。惠子受人鼓动，做出了反常的行为。

　　以上是对《惠子相梁》这则故事中第一组矛盾冲突的解读。第二组矛盾冲突从略。

　　下面我们解读第三组矛盾冲突——"惠子贪恋相位，庄子视相位如'腐鼠'"。

　　"搜于国中三日三夜。庄子往见之"，惠子在国中大肆搜查庄子，庄子不回避，反而主动去见惠子。庄子为什么会这样做呢？因为在庄子心中，惠子贪恋的权力只是"腐鼠"。惠子贪恋权力，那其他人呢？对此，我们不妨还原情境，试想一下面对"相位"，我们是拱手让人还是誓死捍卫？庄子的想法超乎常人。正是这种超乎常人的想法，使得庄子有胆识去面见搜查他的惠子。那么庄子的这种不汲汲于名利的超脱想法是一时的吗？我们再次还原背景。

　　我们来看同样出自《庄子》的另一则故事：

　　庄子钓于濮水，楚王使大夫二人往先焉，曰："愿以境内累矣！"庄子持竿不顾，曰："吾闻楚有神龟，死已三千岁矣，王以巾笥而藏之庙堂之上。此龟者，宁其死为留骨而贵乎？宁其生而曳尾于涂中乎？"二大夫曰："宁生而曳尾涂中。"庄子曰："往矣！吾将曳尾于涂中。"

庄子对楚王的两位大夫回以"往矣！吾将曳尾于涂中"，委婉地回绝了楚王的请求。由此可见，《惠子相梁》中庄子对于名利的漠视，确非一时兴起。

庄子视权力、名利如"腐鼠"，愿意"曳尾于涂中"，这种发生在庄子身上的事，产生在庄子心中的思想，汇集在《庄子》一书中，成为后世道家门徒遵从的圭臬。庄子及《庄子》一书，在两千多年中国思想史上的意义也许就在于本文所引用的《惠子相梁》《庄子送葬》《庄子钓于濮水》中他所表现出来的对名利的淡泊，对自由的追求。

叶圣陶先生曾说："教是为了不教。"对于教什么，各家阐释不同。个人以为教的是思维。条条大路通罗马，但是最佳的大路只有一条。在阅读教学过程中，教学生从一条最佳的思维路径去阅读、探究、走进文本的核心，这是教师的职责所在，是有益于学生成长的。受知识水平的限制，学生无从得知作品背后的故事。作为教师，我们应该还原作品的背景，让学生有意识地从时代、环境等要素入手去阅读、探究作品。随着这种有意识阅读的深入，久而久之，学生就会形成从时代、环境等要素入手去阅读、探究的思维。

还原作品及作者，从时代、环境等要素入手解读作品，给作品以"土壤"，尽量让作品与学生之间的"隔"降至最低，这是我们在教学中应当注意的，也是我们应该让学生在学习中注意的。

人物传记类文言文课堂模型建构刍议

——以《唐雎不辱使命》为例

深圳市龙华区外国语学校　杨金锋

课堂模型的建构讲究要素组合，程红兵校长在《基于思维流量的语文课堂模型群建构》一文中从教学目标聚焦行为、理解迁移讲究还原、应用评价注重批判三个方面提炼出课堂激活学生思维的七个要素：行为目标、还原背景、还原变异、还原思维、矛盾质疑、多维反思、动态视角。这七个要素中，行为目标和还原思维为必备要素，其他五个要素可以根据具体情况任意组合。

文言文蕴含传统文化和民族智慧，在语文课堂的教学中具有举足轻重的地位。王荣生教授认为，文言文阅读教学的着力点是引导和帮助学生通过"章法考究处、练字炼句处"具体把握作者的"所言志所载道"，学习文言文，最终的落脚点是文化的传承与反思。人物传记类文言文因凸显人物的品质、节操、智慧、性情而感染和激励着后人。例如，《陈涉世家》中陈胜"王侯将相宁有种乎"的觉醒，《唐雎不辱使命》中唐雎机智勇敢、不畏强暴的亮剑精神，《五柳先生传》中五柳先生淡泊名利、安贫乐道的出世情怀，等等，影响了一代又一代的中国人。

批判地继承和发扬先贤的这种精神，是我们进行传记类文言文课堂模型建构的一个核心命题。这些经典文章因历史久远以厚重著称，要想让学生全面理解其丰富内涵，我们要还原背景。所谓"还原背景"，就是课堂教学中为了便于学生理解文章，有意识地引入时代故事、背景故事、作者故事，还原作者当时所处的历史背景和情境。例如，要读懂《木兰诗》，就必须知道南北朝时期的"府兵制"，否则就无法理解为什么当时的人当兵要自己购买武器装备。"还原背景"就是给学生设置一个历史场景或矛盾场景，把学生置于场景之中，提供一种全新的视角深层次理解人物形象和文章主旨。与此同时，文化具有鲜明的时代性和局限性，因此，在进行传记类文言文课堂模型建构时，我们还需引入另外一个核心要素——"矛盾质疑"，即引入矛盾冲突来辨析质疑。它包含学生对学生的质疑、学生对教师的质疑、教师对学生的质疑、学生对文本的质疑等。"矛盾质疑"把学生置于必须思考、促进思考和考验思考的情境之中，激活学生思维，使学生反思和传承文化。下面，笔者就以《唐雎不辱使命》为例谈谈人物传记类文言文课堂模型建构。

《唐雎不辱使命》这个故事发生在公元前225年，此时韩、赵、楚、燕、魏已经灭亡，魏国的附庸国安陵却还存在，秦王想用五百里地易安陵的计策吞并安陵，安陵君不同意，秦王不悦，于是安陵君派唐雎出使秦国。面对秦王的嚣张气焰和不可一世的态度，唐雎不卑不亢，不畏强暴，以死相拼，最终戳穿了秦王的阴谋。文章以对话的形式呈现，在对比中凸显了秦王外强中干、色厉内荏的本性，赞扬了唐雎有胆有识、舍生取义的品格。这是大多数教参的结论，很多一线教师也是这样照本宣科进行教学的。但稍有历史知识的人都知道荆轲刺秦王的故事。荆轲为了刺杀秦王，把匕首藏在地图里，因为根据秦国的法令，任何人上朝觐见秦王都是不允许带兵器的，外使就更不用说了。于是，一个问题产生了：唐雎的剑从何而来？这个问题不解决，整个文章所表现的人物品格和主旨都会受到质疑。于是笔者翻阅大量资料，在还原背景的同时，引入矛盾质疑，激发学生思维，深挖文化内涵。

教学设计（简案）如下：

一、教学目标

（1）积累"易""挠""谢""谕"等文言词语，正确翻译重点句子。

（2）在还原背景的基础上，分析秦王和唐雎的人物性格，理解对比的作用。

（3）通过矛盾质疑，理解文章虚构故事的文化意义以及《战国策》中"士"的精神内涵。

二、教学过程

（1）解题

唐雎不辱使命：唐雎出色地完成了出使秦国的任务。

（2）朗读

读得字正腔圆。

读得意思清楚。

读得人物分明。

（3）品析

活动一：

苏轼《留侯论》："古之所谓豪杰之士者，必有过人之节……天下有大勇者，卒然临之而不惊，无故加之而不怒，此其所挟持者甚大，而其志甚远也。"请大家细读课文，找出相关的语句读一读，说一说唐雎的"过人之节"是如何表现的。

（4）质疑

活动二：

有人说，这是一个子虚乌有的故事，是人们的一厢情愿。你能从文中找到依据吗？你同意这种说法吗？结合历史背景，联系文章内容，谈谈你的看法。

这篇文章共用一个课时，设置四个环节。第一个环节解题是为了让学生们大致了解文章的主要内容，顺带引出"唐雎为何出使秦国""使命是什么"等问题，从而引发学生思考，让学生带着问题学习。为了帮助学生全面理解当时的背景，笔者在这里利用还原背景法还原第一则材料：

公元前225年，秦国先后灭掉了韩、魏等国，气势日炽。安陵国是魏国的附属小国，安陵在它的宗主国魏国灭亡之后，一度保持着独立的地位。秦国想用诈骗手段吞并安陵国，安陵君派唐雎到秦国去谈判。

还原这个背景是让学生置身于故事的历史背景之中，让学生理解唐雎出使秦国的不易，为人物形象的品析做铺垫。

第二个环节朗读意在通过读的方式让学生理解文章的主要内容，第三个环节品析则着力于人物形象的分析，小结对比的写作技法。大多数一线教师的授课到此结束，但笔者到此向学生提出一个问题："你们读完这个故事有问题吗？"沉默片刻后，学生提出的主要问题有：

秦王为什么不杀死唐雎？（蒋子安、周浩渺）

这个故事后来是怎样的？（陈济霖、赵海鹏）

这个故事是真的吗？（刘雅琪、李淑仪）

荆轲刺秦王故事中的秦王和这篇文章中的秦王是一个人吗？如果是，按照秦国的法令，进朝觐见是不允许带兵器的，那唐雎的剑是从哪里来的？（张弋鸣）

前两个问题都好回答，后两个问题则可以合在一起。当张弋鸣同学提出这个问题时，全班同学都表现出极大的兴趣，我心中窃喜，学生开始质疑文本了。于是我顺势引出自己的预设：

有人说，这是一个子虚乌有的故事，是人们的一厢情愿。你能从文中找到依据吗？你同意这种说法吗？结合历史背景，联系文章内容，谈谈你的看法。

教室里顿时炸开了锅，学生们觉得不可思议，《战国策》这样不靠谱，为何还要学这个故事？为了帮助学生理解，我又还原了材料二：

秦法：群臣侍殿上者，不得持尺兵；诸郎中执兵，皆陈殿下，非有诏不得上。

——《战国策·燕策三》

《战国策》自身内容的前后矛盾引发学生思考，在学生一筹莫展之际，我又还原了关于唐雎的三则材料：

第一则见于《楚策三·唐雎见春申君》。依《史记·春申君列传》记载，楚考烈王元年（公元前262年），楚以黄歇为相，封春申君。

第二则见于《魏策四·秦魏为与国》。策文说："魏人有唐雎者，年九十余。"他不顾老迈，挺身而出，请求魏王允许他西入泰国说秦王出兵相助。唐雎西入说秦昭王应在魏安僖王十一年至十五年，即公元前266年到公元前262年这四年之间。

第三则见于《魏策四·信陵君杀晋鄙》。有唐雎对信陵君说"君杀晋鄙，救邯郸，破秦人，存赵国"等语，此章时间应系魏安僖王二十年（公元前257年）。

三则材料还原后，我让学生谈谈发现。学生一下子发现，如果唐雎活到《唐雎不辱使命》一文中的时间时，已经一百三十多岁了，这是不现实的，可见这篇文章是虚构的。于是，我顺势追问：为什么要虚构这样一个故事呢？学生展开讨论：

生1：虚构说明现实中没有，作者应该是想通过这个故事赞扬唐雎身上那种不卑不亢、不畏强暴的精神。

生2：历史已经证明秦始皇统一了中国，作者虚构这样的故事可能代表人们的一种愿望，那就是正义是不能侵犯的。

生3：这个故事让我想起《亮剑》中的李云龙，无论何时，我们都要保持独立的人格和自强的精神，敢于亮剑，这可能就是这个故事的精神价值。

生4：我觉得可能还有另外一层意思，就是史官的立场。我们都知道，秦始皇统一六国，那是需要文韬武略的，但这里的秦王却如此不堪一击，这可能是作者对统一后施行暴政的秦始皇的一种批判。

……

不可否认，学生的思考还不完善，但他们已经开始深入文化层面。唐雎是《战国策》士阶层的一个杰出代表，这部史书以文学性的笔法更多展示的是士阶层以天下为己任的责任意识，安贫乐道的士人气节，平交王侯的布衣情怀。为了达到这个目的，作者不惜虚构故事。但文中体现的独立人格、平等思想、责任意识、亮剑精神不正是传统文化的精神财富吗？只有这样，学生才能明白《唐雎不辱使命》这个经典文本超越时代的价值，才能实现对文化的传承与反思。

总之，在人物传记类文言文课堂模型建构的过程中，我们要特别注重还原背景和矛盾质疑两个核心要素的组合。还原背景旨在设置场景，提供视角，理解文本；矛盾质疑旨在促进思考，反思价值，传承文化。

参考文献

［1］程红兵.基于思维流量的语文课堂模型群建构［J］.语文教学通讯·B刊，2016（2）：24–26.

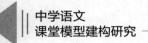

文言寓言神话类课堂模型建构刍议

——以《杞人忧天》为例

深圳市龙华区外国语学校　杨金锋

文言寓言神话类的文章大都篇幅短小、寓意深刻，其丰富的内涵给后世以多种人生启迪。例如，《塞翁失马》既可以理解为"祸和福、好和坏、得和失在一定的条件下，是可以相互转化的"，还可理解为"不要为暂时的损失或一个时期的不得意而烦恼苦闷，要心胸开阔"，也可以理解为"身处逆境不消沉，乐观坦然；身处顺境不迷醉，清醒淡然"，等等。因此，如何走进寓言神话的深处，又走出寓言神话，读出寓言神话超越时代的文化内涵，批判继承先哲的精神财富是我们进行文言寓言神话类课堂模型建构首先应考虑的要义。

先哲典籍故事中的寓言神话有一个特点，就是只呈现故事，而不对故事进行解说点评，个中滋味全凭读者自己领悟，这样，寓言神话的张力就体现出来了，寓意的多元化也显现出来了。例如，在教学《夸父逐日》这篇文章时，笔者带领学生理解这则神话的意思，分析夸父为何逐日后，顺势一问："同学们，今天我们为什么还要学习这则神话呢？夸父'逐'的仅仅是太阳吗？"学生思考之后异常活跃，请看教学实录：

生1：我觉得我们应该学习夸父英勇无畏、为同胞牺牲自我的精神，他追逐的不仅仅是太阳，还有梦想，就像我们今天说的中国梦。

生2：我们今天之所以要学习这则神话就是要学习夸父坚持不懈、死而后已的拼搏精神。

师：夸父死后真的一切都停止了吗？

生3：没有，他的手杖化为邓林，寓意死而不倒的精神。

生4：其实人的一生就像夸父追日一样，充满艰辛和未知，坚持了，拼搏了，不管结果如何都无怨无悔，这是我们要学习《夸父逐日》的原因。我觉得这个"日"可以指信念、自由、尊严等这些值得我们用一生追求的东西。（掌声）

……

听到这些言论，笔者心花怒放，十分感动。学生的表现超出了我的预料，他们读懂了人物，读透了神话，但又跳出了神话，读出了自我，读出了神话的真谛。"日"可以是太阳，可以是光明，更可以是信念、自由等，可以有多元的解读。因此，在寓言神话类课堂模型建构中我们常用多维反思和矛盾质疑两个核心要素进行组合，引导学生读出寓意的多样性和深刻性，培养学生的发散性思维和审辩式思维。

《杞人忧天》是部编版教材七年级第六单元最后一篇文章，节选自《列子·天瑞》。讲述的是一个杞国人担心天崩地坠，以至于废寝忘食的故事。有人（晓之者）去劝慰他，说天是聚集起来的气体，日月星辰也是气体，只不过是发光的气，掉下来也不会伤人；地是土块，四周到处是土块，人们整天在地上行走跳跃，怎么会陷下去？杞人就消除了疑虑。后世便以这个故事来讽刺那些为不必要的事情而担忧的人。这则故事似乎浅显易懂，那么，今天的我们为什么还要学习这篇课文呢？

细读这则寓言我们不难发现，它其实代表先民们的一种宇宙观和两种生活态度。当然，这种宇宙观在今天看来是有明显的局限的。两种态度，一种是杞人焦虑、悲观的生活态度，而另一种是晓之者豁达、乐观的生活态度。杞人的焦虑、担忧有没有道理，晓之者的豁达、乐观有没有问题，是解读这则寓言必须要面对的问题。按照晓之者所言，天是聚集起来的气体，日月星辰也是气体，只不过是发光的气；地是土块，四周到处是土块，就不会陷下去。可小学生都知道，月亮不是气体，地球上经常发生地震，那么，晓之者的解释就有问题了，杞人的担忧有没有必要呢？

为了帮助学生更加深刻地理解这则寓言，笔者查阅了《列子》原文。其实，这则寓言的本意是：不应该选取是与非的任何一边，参与"对或不对"

的判断，因为选取任何立场，都难免陷入纷争之中，使自己不得安宁。《庄子·齐物论》提出两行的概念，教人不取两边，免于纷扰，这样能够得其环中，安住于自然。当然，在教学时，我们不一定要讲得那么深。从列子的本意来说，《杞人忧天》这则寓言是被误读了。于是笔者在带领学生疏通文义后，询问学生这则寓言的寓意。超过90%的学生认为：不要为不必要的事情而担忧。笔者对学生的观点提出质疑，结合课后作业，列出两种观点让学生进行多维反思（PPT显示）：

杞人忧天

现代汉语词典（第7版）第1028页：传说杞国有个人怕天塌下来，吃饭睡觉都感到不安（见于《列子·天瑞》）。借指为不必要忧虑的事情而忧虑。

部编版语文教材七年级上册（第127页）：人们常用"杞人忧天"讽刺那些不必要的担忧，也有人认为其中传达出强烈的忧患意识。你同意哪一种理解呢？

有部分学生联系基本的科学知识，有一点动摇，觉得杞人的担忧有一定的必要。于是，笔者逐步还原整个文本，把课文的节选称为"杞人忧天1.0版"，然后展示"杞人忧天2.0版"（PPT显示）：

杞国有人忧天地崩坠，身亡所寄，废寝食者。又有忧彼之所忧者，因往晓之，曰："天，积气耳，亡处亡气。若屈伸呼吸，终日在天中行止，奈何忧崩坠乎？"其人曰："天果积气，日月星宿，不当坠耶？"晓之者曰："日月星宿，亦积气中之有光耀者，只使坠，亦不能有所中伤。"其人曰："奈地坏何？"晓之者曰："地，积块耳，充塞四虚，亡处亡块。若躇步跐蹈，终日在地上行止，奈何忧其坏？"其人舍然大喜，晓之者亦舍然大喜。

长庐子闻而笑之曰："虹霓也，云雾也，风雨也，四时也，此积气之成乎天者也。山岳也，河海也，金石也，火木也，此积形之成乎地者也。知积气也，知积块也，奚谓不坏？夫天地，空中之一细物，有中之最巨者，难终难穷，此固然矣；难测难识，此固然矣。忧其坏者，诚为大远；言其不坏者，亦为未是。天地不得不坏，则会归于坏。遇其坏时，奚为不忧哉？"

考虑到七年级学生的知识有限，笔者把长庐子的言论翻译成现代汉语，让学生归纳长庐子的观点，并谈谈看完长庐子的观点后有没有新的认识。又有一部分学生开始赞赏杞人的忧患意识，觉得杞人的担忧是有必要的，但不要过分担忧。接着，笔者展示"杞人忧天3.0版"（PPT显示）：

长庐子闻而笑之曰："虹霓也，云雾也，风雨也，四时也，此积气之成乎天者也。山岳也，河海也，金石也，火木也，此积形之成乎地者也。知积气也，知积块也，奚谓不坏？夫天地，空中之一细物，有中之最巨者，难终难穷，此固然矣；难测难识，此固然矣。忧其坏者，诚为大远；言其不坏者，亦为未是。天地不得不坏，则会归于坏。遇其坏时，奚为不忧哉？"

子列子闻而笑曰："……"

列子到底说了什么，笔者让学生根据寓言的特点和杞人、晓之者以及长庐子的言论进行补充，学生兴趣盎然，不断推翻自己之前的认知。随后笔者展示列子的观点（PPT显示）：

子列子闻而笑曰："言天地坏者亦谬，言天地不坏者亦谬。坏与不坏，吾所不能知也。虽然，彼一也，此一也。故生不知死，死不知生；来不知去，去不知来。坏与不坏，吾何容心哉？"

然后，笔者让学生提炼《列子》中《杞人忧天》这则寓言的本意，即告诉人们不要各持己见而陷入是非不休、纷争不断的境地。

之后，笔者展示"杞人忧天4.0版"，让学生课下去思考：

张小三闻而笑曰："……"

设问：看完杞人、晓之者、长庐子和列子的观点，你有什么感想要告诉后世子孙？

在理解寓言寓意的环节中，笔者通过还原文本，从"杞人忧天1.0版"逐步过渡到"杞人忧天4.0版"，利用矛盾质疑和多维反思两个核心要素，立足文本，激活思维，引导学生逐步深入理解文本，一直到最后推翻了千百年来世人对《杞人忧天》断章取义的理解，同时建立了一个开放的课堂，让学生对列子的观点也进行了自己的思考、批判。这样，学生不仅读懂了通常意义的《杞人忧天》，还读懂了《杞人忧天》的本意，更重要的是读出了自我的理解，思维的广度、深度就这样一直延伸，从文本到课堂再到课下。多维反思和矛盾质疑培养的是学生质疑的精神、批判的态度，只有这样，学生才能理解寓言寓意的丰富性，走进寓言，同时走出寓言，读出寓言的文化价值。

多维反思读出了寓言神话的丰富性，读出了寓言神话的文化性，注重对发散性思维的培养；矛盾质疑读出了寓言神话的深刻性，读出了寓言神话超越时代的东西，让我们更好地批判继承先哲的文化，注重审辩式思维的培育。只有这样，做到入乎其内，出乎其外，才能够增加课堂的思维流量，提高学生的语文素养。

基于课堂模型理论的短篇文言文教学

——以《诫子书》为例

深圳市艺术高中　李　柏

在很多语文教师口中，文言文一直是课堂教学的一大难题，因为古文成文之时距今年代久远，兼之语句晦涩，所以几乎所有传统讲读式的文言文教学都很难引起学生们的兴趣。那么，应该如何设计一堂内容丰富、形式新颖，且能激发学生思维的文言文课，也就成了值得探讨的话题。而在课堂模型理论的指导下，许多操作性很强的方法是值得借鉴的。人民教育出版社2016年版七年级语文教材新收录了三国时期著名政治家、军事家诸葛亮临终时写给儿子的一封书信——《诫子书》，对于这样一篇教育意义深远、给后世留下宝贵精神财富的千古名作，基于课堂模型，我们该如何进行教学设计呢？

一、解字入题，变异阅读

省去不必要的开场白，节约时间进入文本，是引导学生进行文本解读的关键。对于这样一篇只有103字的短篇文言文，展开文本解读的最佳途径就是抓住一切可以利用的文字信息进行文本解析，而文章的标题便是最直接的突破口。

师：同学们，今天我们一起来学习一篇文言文，请大家齐读一下文章的题目。

生：《诫子书》！（生齐读）

师：好，那请大家看一看，你们觉得这个标题里哪个字最重要？

生：诫！（齐）

师：好，"诫"是什么意思？

生1：告诫。

师：都别急着回答，我们一起来看一张图片。（给出"戒"字的小篆写法）

至此，教师通过文化韵味丰富的"戒"字解读，引出"戒"有"防止过失"的意思，通过"言+戒=诫"的公式，得出利用语言来防止过失就是告诫、劝诫的意思，由此代入主题。"诫"字的意思明确之后，教师就要引导学生进入文本的核心内容——作者诸葛亮到底要告诫自己的儿子什么？而要得出答案，我们将通过课堂模型当中的变异理论来对文本进行多次变化朗读，如采用去除标点的素读法，加入标点根据停顿区分节奏的诵读法，以及最能体现古文阅读美感与张力的平仄读法，平仄读法需要教师事先用平仄符号对文章中的每一个字进行标注，如下：

夫—君—子｜之—行—，静｜以｜修—身—，俭｜以｜养—德—。

非—淡｜泊—无—以｜明—志｜，非—宁—静｜无—以｜致｜远—。

夫—学｜须—静—也｜，才—须—学—也｜。

非—学｜无—以｜广｜才｜，非—志｜无—以｜成｜学｜。

淫—慢｜则｜不｜能—励｜精｜，险｜躁｜则｜不｜能—治｜性｜。

年—与｜时—驰—，意｜与｜日｜去｜，遂｜成—枯—落｜，

多—不｜接—世｜，悲｜守｜穷—庐—，将—复｜何｜及｜！

教师带领学生在课堂上进行多种形式的诵读，达到当堂成诵的效果，并将读作为本次教学设计的主线，以读代析，读中生疑，以此作为这节课学生的行为目标。

二、增减有度，突出主旨

在课堂模型当中，有一种基于对问题的反思而产生的模型要素，我们称之为"矛盾质疑"。在《诫子书》中，有这样一个句子引起了笔者的注意：

师：大家注意一下，在我们课文的旁边有一幅著名国学大师启功先生的书法作品"淡泊明志，宁静致远"，而在我们的课文当中，诸葛亮写的却是"非淡泊无以明志，非宁静无以致远"，请问我们把"非……无以……"删除好不好？

生1：不好！

师：为什么？

生2：因为"非……无以……"这个短语是用来强调"淡泊明志，宁静致远"的。

接着，教师将改写过的课文与原文进行比对，并带领学生们反复阅读，学生们则就"改好还是不改好"这个问题进行探讨，最终得出不改更好的结论，因为它突出了句型"非……无以……"的作用。

三、补充材料，背景还原

文本的内容越少，教师越要去深度挖掘文本背后的内容和信息，通过还原背景的方式，为学生打开理解文章主旨和内容的新思路。

师：同学们找一找，文章当中哪个字出现的频率最高，或者你认为哪个字最重要？

生1：静。

生2：学。

师：为什么是这些字呢？作者诸葛亮为什么多次用到这些字？

生3：是不是因为诸葛亮的儿子是个比较闹且不爱读书的孩子？

师：真的是这样吗？我们来看一则材料。

（教师呈现材料）

瞻今已八岁，聪慧可爱，嫌其早成，恐不为重器耳。

——《与兄瑾书》

师：你们读出了什么？

生：诸葛瞻是个早成的孩子，诸葛亮担心他难成大器。

这一环节，学生通过阅读背景材料了解了诸葛瞻的一些基本信息，而另外一则材料的呈现，将为学生理解文本的内容提供更为丰富的线索。

诸葛亮（181—234），字孔明，号卧龙，徐州琅琊阳都人，三国时期蜀汉丞相，杰出的政治家、军事家。文章当作于蜀汉建兴十二年（234年），是诸葛亮写给他八岁的儿子诸葛瞻的一封家书。

这一则材料的引入，让学生发现了文本创作背景的细节，当学生认识到文章的创作时间与诸葛亮去世的时间为同一年时，文章后半段关于"惜时"的解读也就清晰明确了。诸葛亮一方面希望自己珍惜仅剩的时间，另一方面希望儿子珍惜成长的时间，用心良苦，让人感慨万千。而在这里，我们从多个角度去审视文章人物，辨析人物观点，这便是动态视角的核心意义。

综上所述，本节课应用的课堂模型要素组合为：行为目标+变异理论+还原背景+动态视角+矛盾质疑。

当然，这只是课堂模型建构的一个简单范例，我们可以运用模型当中的多种要素进行全新的尝试和组合，打造设计感强、高思维流量的高效语文课堂。

通过还原背景搭建学生思维的台阶

——以《孙权劝学》为例

深圳市龙华区外国语学校　　杨金锋

在语文教学课堂模型的建构过程中，我们要特别注意还原背景。例如，要理解《石壕吏》，就必须了解安史之乱。这样，还原当时、当事的背景，把学生放入情境中去思考问题，为学生搭建思维的台阶，从而提高学生思维的深度。

请看笔者教学《孙权劝学》的一个片段：

师：孙权为什么劝吕蒙学习？

生：因为吕蒙已经"当涂掌事"。

师："当涂掌事"是什么意思？

生：掌管大权。

师：掌管什么大权？有人知道吕蒙被劝学之前的故事吗？

生沉默。

师：老师提示一下，文章第一句的第一个字"初"是什么意思？

生：当初。

师：当初又是什么时候？

生沉默。

师：这篇文章选自哪里？

生：《资治通鉴》。

师：《资治通鉴》在体例的编排上有什么特点？

生：编年体。

师：什么是编年体？

生：按年代编排的。

师：非常好！这个"初"是建安十五年，即公元210年。公元208年发生了一场非常著名的战役，这场战役是——

生：赤壁之战。

师：对，公元210年东吴也发生了一件惊天动地的事情，指挥赤壁之战的主帅周瑜去世。周瑜去世前写了一封书笺给孙权（PPT呈现）：

人生有死，修短命矣，诚不足惜；但恨微志未展，不复奉教命耳。方今曹公在北，疆场未静；刘备寄寓，有似养虎；天下之事，未知终始，此朝士盱食之秋，至尊垂虑之日也。鲁肃忠烈，临事不苟，可以代瑜。人之将死，其言也善，倘或可采，瑜死不朽矣！

师：这封遗书讲述了两方面的内容：一是东吴所处的严峻形势；二是自己去世之后军事上的接班人——鲁肃。此时孙权二十八岁，吕蒙三十二岁。吕蒙十六岁入军营，依附他的姐夫邓当，以胆气过人著称，颇为轻狂，因多次立功已官居偏将军，任寻阳令，在当时小有名气。从刚才的材料中，你们觉得孙权劝吕蒙读书还有什么深层次的原因吗？

生：提高吕蒙的修养，让他能够文武兼备。

生：为了培养人才，适应当时形势需要。

师：非常好！据《三国志》记载，孙权劝的不仅是吕蒙，还有蒋钦。劝学是形势所迫，是责任所需，是发展必然，孙权希望吕蒙成为像周瑜那样文武兼备的名将。

在这个片段里，笔者充分利用《资治通鉴》的体例特点，查阅资料，还原了孙权劝吕蒙学习的历史背景，甚至还原了吕蒙的阅读书目及读书状态：

宜急读《孙子》《六韬》《左传》《国语》及三史……光武当兵马之务，手不释卷。孟德亦自谓老而好学。卿何独不自勉勖邪？

——《三国志·吴志·吕蒙传》裴松之注引《江表传》

蒙始就学，笃志不倦，其所览见，旧儒不胜。

——《三国志·吴志·吕蒙传》裴松之注引《江表传》

笔者还还原了吕蒙上书建议在濡须立坞，成功抗击为报赤壁之战之仇而东征的曹军的背景及吕蒙代替鲁肃成为三军统帅的背景：

后从权拒曹公于濡须，数进奇计，又劝权夹水口应立坞，所以备御甚精，曹公不能下而退……鲁肃卒，肃军人马万余尽以属蒙。

——《三国志·吴志·吕蒙传》

时蒙与成当、宋定、徐顾屯次比近，三将死，子弟幼弱，权悉以兵并蒙。蒙固辞，陈启顾等皆勤劳国事，子弟虽小，不可废也。书三上，权乃听。蒙于是又为择师，使辅导之，其操心率如此。

——《三国志·吴志·吕蒙传》

最后笔者还原了孙权对吕蒙的一生的评价：

子明少时，孤谓不辞剧易，果敢有胆而已。及身长大，学问开益，筹略奇至，可以次于公瑾，但言议英发不及之耳。图取关羽，胜于子敬。

——《三国志·吴志·吕蒙传》

纵观一线教师关于《孙权劝学》的教学设计，大多在字词句的理解、人物形象分析以及情感价值观上面下功夫，引导学生向吕蒙学习。文言文的教学是一个由文言到文章到文学到文化的过程，文言文教学的落脚点在于对文化的传承和反思。《孙权劝学》是一个经典的读书励志故事，要让这样一个经典作品渗入学生的内心，触动心灵，变为一种行动，仅仅停留在分析词语和人物的片面化、标签式的教学理解上是不行的。教师应该为学生设置一个场景，让学生置于场景之中，为学生提供一种历史的视角，便于学生深层次地理解这个经典故事。基于此，笔者采用了还原背景的方式来进行教学。

一、还原背景是一个故事趣味化的过程

阅读心理学认为："学习兴趣是学习动机的重要心理成分，它推动学生产生自主探究知识的内驱力，产生进一步的学习需要和求知欲。"皮亚杰也说过："学习必须是一种主动过程。"笔者通过还原背景、打通文史、以史补文，进行学科的融合，对教材进行重组，打破学科之间的壁垒，形成一种"陌生化"的效果，激发学生的求知欲和思考欲。从课堂实际情况来看，当学生就吕蒙一生的经历来全面审视吕蒙时，便理解了孙权劝学的深层次原因。学生兴趣盎然，课堂气氛热烈。

二、还原背景是一个理解系统化的过程

囿于教材编写、课时安排的需要，在文本的选取上，教材往往是不全面、不完整的。编者这样处理，在带来便利的同时，也存在知识理解不系统的问题，甚至理解片面，不能令人信服。学生存在的疑问可能有：吕蒙到底读了什么书以及为什么读书后的吕蒙让鲁肃如此欣赏？吕蒙和鲁肃结友而别之后，接下来发生了什么故事？这个故事是真的吗？等等。对于有思考能力的学生来说，这些问题不解决，学生对文章所呈现的中心思想、人物品格等都会打上问号。读过《三国志》的人都知道，吕蒙少年有勇无谋，依靠其姐夫邓当，最后在孙权的劝说下，发奋读书，把读书当作一种生活方式，最后成为一代名将。笔者还原背景，还原吕蒙一生的资料，让学生对吕蒙有一个全面而系统的了解，这样的理解是系统而深入人心的。

三、还原背景是一个思考深入的过程

还原故事发生的背景，把学生放到故事发生的最初背景之下，让学生置身其中，身临其境，以宏观的历史视角来思考当时的问题，从而提高思维的深度。在《孙权劝学》的教学中，很多教师还停留在"我们应该向吕蒙学习、听人劝，知识改变命运"等平面化、标签式的理解之上，学生对于要向吕蒙学习的深层次原因以及学习重要性的理解是不深入的。笔者在这节课的教学中，依据《资治通鉴》的体例特点，还原了孙权劝吕蒙学习的历史背景：赤壁之战后，周瑜去世，东吴人才空乏，三国鼎立，曹操虎视眈眈要报一箭之仇。笔者让学生从生死存亡的角度，从名将所具的德、才、识的角度来理解劝学的原因以及孙权的无奈和良苦用心，引发学生对孙权劝学的深层次思考；还原了吕蒙听劝之后的资料，让学生思考一个有勇无谋的将领发奋读书，最后成为吴国的三军统帅、一代名将的深层次原因，让学生对学习有直观的感受并进行理性的分析。这样就把学生的视野打开，把思考引向深入了。

还原背景是为了搭建思维的台阶，激活学生的思维，引发思考，使学生深入地理解文本，让我们的课堂充满思维流量，培养学生的思考能力，让学生成

为一个会思考的人、有智慧的人。

参考文献

［1］王荣生.文言文教学教什么［M］.上海：华东师范大学出版社，2014.

［2］刘占泉.《孙权劝学》备课参考［J］.中学语文教学，2013（2）：41–42.

浅析"人物还原""情境设置"在人物叙事类古文解读中的作用

——以《左传·郑伯克段于鄢》为例

深圳明德实验学校　王玉东

黄荣华老师在《关于阅读教学与作文教学的几点想法》一文中指出，文化表现力由两块组成：一是阅读书本与生活时表现出来的理解力与鉴赏力；二是写作时表现出来的感知力、描述力与批判力。文化表现力的核心是文化理解力与文化批判力。

在承载中国古典文化的古文教学中，我们尤其需要注意对学生文化理解力的培养。在教学中有意识地让学生注重生命体验，适时将文本与人生经历相关联，借助人物还原与情境设置，让学生能够深入文本、解读文本。

如何在古文教学中培养学生的文化理解力，笔者以《左传·郑伯克段于鄢》为例，借助人物还原与情境设置，对这篇古文的部分片段进行了解读。

初，郑武公娶于申，曰武姜。生庄公及共叔段。庄公寤生，惊姜氏，故名曰寤生，遂恶之。爱共叔段，欲立之，亟请于武公，公弗许。

笔者在引导学生解读这一部分内容时，有意让学生找出全文中的主要人物。学生列举了"庄公""武姜""共叔段"，理由是上述三人在后文多次出现且有详细的事例。学生给出的答案在我的预料之中。

在这段文字中，出场的人物有郑武公、武姜、庄公、共叔段。上述人物中，最不起眼的是郑武公，因此学生没有将郑武公列入主要人物中。结合后文来看，本段过后，郑武公不再出场，后文的情节发展围绕武姜、庄公、共叔段三人展开，好像和郑武公毫无关系。避开郑武公这一角色，对于后文的解读也可以进行下去。

然而，倘若只是按照后文出现的主要人物去分析解读这篇文章，那么我们对古典文化的理解力就会弱一层。为什么呢？我们还原了这段文字中出场人物的身份与人物之间的关系，如下：

郑武公是郑国君王，有权势，有威严。

郑武公与武姜属于夫妻关系。

郑武公与庄公属于父子关系。

郑武公与共叔段属于父子关系。

因为与同一个人有父子关系，所以庄公与共叔段属于兄弟关系。

还原完出场人物的关系后，学生发现这段文字中的人物是以郑武公为核心的，也就是说是郑武公造就了上述三种关系。

笔者顺势设置情境，引导学生站在不同人物的立场上，对上述身份与关系做深入解读。师生解读如下：

因为郑武公是郑国国君，有权有势，所以妻子武姜才会动争权夺位的念头。

因为郑武公与武姜属于夫妻关系，所以武姜才能有废长立幼的机会。

因为郑武公与庄公属于父子关系，父子情深，郑武公不忍心让自己的长子任由妻子与次子宰割，所以面对武姜"爱共叔段，欲立之，亟请于武公"，武公"弗许"。

根据以上解读学生发现，后续故事中庄公能够使"大叔出奔共"，能够"遂置姜氏于城颍"，完成宫廷内斗中的"大胜"，其基础建立在庄公父亲郑武公对庄公的"力保"上。也就是说，是"非主要人物"郑武公化解了武姜与共叔段给庄公制造出来的麻烦。

如若郑武公昏庸无能，庄公何以继承王位？在这里，笔者做了一些谥号方面的引申。"刚强直理曰武"。郑武公能够不顾妻子的建议，"力保"庄公，从其谥号"武"可见一斑。

及庄公即位，为之请制。公曰："制，岩邑也，虢叔死焉。佗邑唯命。"请京，使居之，谓之"京城大叔"……

阅读后文，学生发现庄公在武姜的阻挠下，依然凭借其父郑武公的"力保"，继承了王位，成为"庄公"。笔者顺势引导学生："照中国历史发展来看，初登王位者，会对敌对者采取什么举措？"学生给出的答案是消灭敌对者。然而，读这一段可以看出，庄公不仅没有"清洗"母亲武姜、胞弟共叔段，反而供给母亲与弟弟一片上好的封地，原因何在？结合后续发展，学生给出的答案是庄公故意让母亲与胞弟一步步走向深渊。这样解读未尝不可，然而，我们对古典文化的理解力就会弱一层。为什么呢？笔者引导学生还原人物心理，做了如下分析与解读：

郑武公在妻子武姜妄图废长立幼的时候，作为"刚强直理"之人，何尝没有预料到妻子武姜与次子共叔段日后对长子庄公王位与政权的威胁。然而，作为丈夫与父亲，出于人之本性，他放过了妻子与次子。我们也完全可以做这样的假设，郑武公是对未来的郑国国君郑庄公有过叮嘱的，即不到万不得已，不可伤害家人性命。

郑武公作为《左传·郑伯克段于鄢》故事中的"次要人物"，其地位经常被人们无意中忽略。这种忽略对于深入解读文本有一定的影响。我们着眼于郑武公这一人物，借助人物还原与情境设置的方法，让学生养成对"次要人物"充分关注的意识，培养学生的文化理解力。

通过还原变异提高学生的思维品质

——以《记承天寺夜游》为例

深圳市龙华区外国语学校　杨金锋

　　变异理论是世界著名教学论专家瑞典哥德堡大学教育系教授马飞龙（Marton）创立的教学理论，他的基本观点是要认识某个事物，就必须注意到这个事物与其他事物的不同。为了注意这个事物与其他事物在某个属性上的不同，这个属性就必须在某个维度上发生变化。因此，他认为，学习迁移的必要条件是同时具备共同性和差异性，而共同性和差异性的识别要靠审辨。一如马飞龙教授所言："我的基本理念是理解任何事物的第一步就是审辨（discernment）。""学习过程被视为学习者经验与周边世界现象的能力的变化，也就是能够审辨并关注这个现象的关键属性。"例如，审辨事物的颜色属性，认识颜色概念，至少需要经历两种变化：一种是这个维度的不同值或特征之间的变化，如看到红色、绿色或蓝色等至少两个值的变化；另一种是这个维度与其他相关维度之间的变化，如看到事物的颜色、形状、大小等不同属性，经历这样的情景变异和对比，在学习者的认知中，颜色属性才能分离和概括出来。这就是变异的基本原则。举一个具体例子：要想识别"红色"这种颜色的属性，仅仅指着一个红苹果对孩子说"红色"，他们很难确切掌握"红色"的含义。应该同时列举多个形状不同、颜色相同的物体，如红玫瑰、红裙子、红旗等，以及形状相同、颜色不同的物体，如青苹果、黄苹果等，这样孩子才能区分和识别作为颜色属性的"红色"这一概念。因此，他认为"审辨是学习的基础，审辨即学习，变异是学习的关键"。

马飞龙教授的变异理论告诉我们，在学习及应用知识的过程中，共同性和差异性同等重要，要想深刻认识某一事物的属性，既要还原相同的事物，也要还原相似或相近的事物，更要还原相反或相对的事物，然后进行审辨。实际上，既要考虑共同性的标准正例，也要考虑差异性及各种非标准正例，还要考虑反例，我们称之为"还原变异"。下面笔者就以苏轼《记承天寺夜游》的一个赏析环节来谈谈还原变异在语文教学中的应用，以期大方之家指正。

《记承天寺夜游》写于作者苏轼被贬黄州的第四年，但整篇文章看不到颓废、沮丧之情，相反，清幽淡雅的竹柏、空明清澈的月光、淡雅宁静的氛围表现了苏轼豁达乐观的情怀和安闲自适的心境。怎样让学生体悟到这种复杂的情感，品悟出这种淡雅清幽的意境和作者坚贞不屈、豁达乐观的品格，是我们必须思考的问题。经过对文本的反复研读，笔者觉得，文中"庭下如积水空明，水中藻、荇交横，盖竹柏影也"这一句是一个抓手。因为，从文章结构上讲，它处于起承转合之"合"处，上承故事起因、发展，下启文章的情感抒发；从情感表达来说，二人志趣相投、格调高雅，赏月时的场景让人浮想联翩；从意象选择来说，苏轼单单挑选出竹子和柏树，这两个意象在中国古代文化中很值得玩味；从技法运用来说，这一句话没有一个"月"字但处处写月，而且比喻修辞手法的运用，使描写生动形象。因此，笔者就此进行了这样的设计：

第一，添句，品意境。

A.庭下如积水空明，水中藻、荇交横，盖竹柏影也。

B.庭下如积水空明，水中藻、荇交横，盖竹柏影也。丛中蛙鸣不断，空中流萤飞舞，村中狗吠鸡鸣，几处纳凉人笑语阵阵。

思考：改成B句行不行？为什么？

第二，改词，品修辞。

A.庭下如积水空明，水中藻、荇交横，盖竹柏影也。

B.庭下积水空明，水中藻、荇交横，是竹柏影也。

思考：你认为删去原文中的"如"，把"盖"改成"是"，可以吗？为什么？

第三，换象，品人格。

A.庭下如积水空明，水中藻、荇交横，盖竹柏影也。

B.庭下如积水空明，水中藻、荇交横，盖芭蕉影也。

思考：改成B句行不行？为什么？

第四，辨析，品韵味。

A.庭下如积水空明，水中藻、荇交横，盖竹柏影也。

B. 春江潮水连海平，海上明月共潮生。滟滟随波千万里，何处春江无月明！江流宛转绕芳甸，月照花林皆似霰。空里流霜不觉飞，汀上白沙看不见。江天一色无纤尘，皎皎空中孤月轮。（张若虚《春江花月夜》节选）

思考：同是描写月色，你更欣赏哪一个？为什么？

如果把品味"庭下如积水空明，水中藻、荇交横，盖竹柏影也"这句话的丰富内涵作为一个原型，即标准正例，那么"添句，品意境"是通过一个反例来感悟意境的清幽淡雅。而"改词，品修辞"，把"盖"改成"是"后，就不能写出月色的空明澄澈、作者沉迷于月时的状态以及醒悟之后的欣悦之情。"换象，品人格"，把"竹柏"意象换成"芭蕉"不可行，一是芭蕉在形态上和藻、荇不像；二是选择竹子和柏树是作者的良苦用心。在中国古代文化中，竹子是气节的象征。苏轼在被贬黄州时曾写过《于潜僧绿筠轩》："可使食无肉，不可居无竹。无肉令人瘦，无竹令人俗。人瘦尚可肥，士俗不可医。"柏树在古代文化中是坚贞的象征，因此，苏轼实际上在此以"竹柏"自比，这是一个意象类似的还原变异。而"辨析，品韵味"，从内容上来讲都是描写月，但二者呈现出来的情感、风格、韵味完全不一样。

从教学设计和实际的课堂来看，学生在审辨中思考，在变异中体悟，气氛热烈，有趣高效。具体而言，有以下几点原因：

第一，这是一个以生为本的课堂。

这一句的理解对八年级的学生来说是存在困难的，教师在整个设计过程中，起点比较低，把清幽宁静的意境和嘈杂繁闹的意境进行相反辨析，难度降低，让学生一目了然，然后逐层推进，由文句到文章再到文化，梯度比较清晰，学生易于接受。

第二，这是一个兴趣盎然的课堂。

现在语文教学存在的一个很大的问题就是学生的发起度比较低，其关键在于学生没有学习兴趣。因此，激发学生的学习热情是课堂教学的关键。当在原句的基础上加上"丛中蛙鸣不断，空中流萤飞舞，村中狗吠鸡鸣，几处纳凉人笑语阵阵"时，学生哄堂大笑；当把"竹柏"换成"芭蕉"时，全班笑语连连。这说明，教师的教学激发了学生的兴趣，笑后再引发思考。更关键的是，采取还原变异的方式会造成一种陌生化的效果，更能激发学生的学习欲。

第三，这是一个思维活跃的课堂。

整个品析过程既有相同的意象，又有相似的意象，还有相反的意境，更重要的是，前三个小环节的辨析属于单向度，即相反辨析，最后一个环节则属于相似辨析，即提供一个正例。这就使得思维的呈现是多维度的，学生在辨析中打开自己的思维，唤起过去的学习经验。思维流量不断涌现，把学生的思考引向更深的层次。

第四，这是一个高效智慧的课堂。

从实际的教学过程来看，四次品析，不仅使学生理解了这个句子的意境、修辞、韵味，对苏轼这个人以及文章的内容也有了比较清晰的理解，还为理解"清闲"一词的丰富内容做了很好的铺垫。智慧一方面指教师巧妙的设计，另一方面指学生掌握方法和开启思维。学生在以后的品析环节中，也可以采用这种还原变异的方法，这是一个抓手。

第五，这是一个文化浸润的课堂。

文言文到底应该教什么？王荣生教授认为，学习文言文，最终的落点是对文化的传承与反思。因此，文言文的教学是一个由文字到文本到文章最后到文化的过程。但笔者在翻阅了很多《记承天寺夜游》的教学设计以及相关论文后，遗憾地发现，基本没有人注意到"竹柏"这两个意象。承天寺那么多景物，为什么苏轼单单挑选这两种？联系苏轼的诗《于潜僧绿筠轩》，在阅读了林语堂先生的《苏轼传》后，笔者大胆设想，这两个意象是作者有意而为之，并且以此来鼓励自己的。所在，在这节课上，我让学生品析竹子的文化内容，品析柏树的象征意义，这不就是一种文化的熏陶吗？

参考文献

［1］马飞龙.从变异理论看国际比较中数学教与学的差异［J］.上海教育科研，2002（8）：4-9.

［2］彭明辉.现象图析学与变易理论［J］.教育学报，2008（5）：33-38.

［3］王荣生.文言文教学教什么［M］.上海：华东师范大学出版社，2014.

通过还原思维提高思维的品质

——以《醉翁亭记》为例

深圳市龙华区外国语学校　杨金锋

文言文对于学生来说，存在时空和语言上的隔阂。加上受功利主义的影响，现在文言文教学已经退化为"死记硬背课"，窄化为"说文解字课"。重视背诵和文言词语，本身没有错，因为它们涉及对语言的积累，对文章的理解，关乎文化的认同，影响学生的素养。但字字落实，为"言"而"言"，"言""文"分离，死记硬背，让本来充满灵性诗意的文言课堂变得枯燥，怨声不断，趣味荡然无存。以欧阳修的名篇《醉翁亭记》为例，笔者翻阅众多教学设计，由于是经典篇目，教师们都格外慎重。发现大多数教学设计仍然按照作者简介、背景导入、课文朗读、词句串讲（一字一句讲）、主旨归纳、课文背诵的顺序，稍微再深入一点的会分析人物的形象、写作技法。在词句串讲环节，一般会花一个课时甚至一个半课时，教师讲得口干舌燥，但收效甚微。于是乎，教师出力不讨好，学生出力没效果，教师累，学生烦，文言文教学讨人嫌。要突破这一怪圈，使文言文教学有趣、有效，甚至高效，一线教师必须在教学思想和教育行为上下功夫。

王荣生教授认为，文言文阅读教学的着力点是引导和帮助学生通过"章法考究处、炼字炼句处"具体地把握作者的"所言志所载道"，最终的落点是对文化的传承与反思。而要实现这一终极目标，我们必须理顺文章的内在脉络、作者的思维方式，换句话说，还原文章的思维，在教知识的同时，更要注重对学生思维能力的培养。所谓"还原思维"，又称思维可视化，即在语文教学中为便于学生理解掌握，以图示或图示组合的方式，把原本不可见的思维结构、思考路径及方法呈现出来。例如，可以借助思维导图、模型图、鱼骨刺图、流程图、概念图等还原思维过程。据日本铃木太郎研究，7岁儿童中心理年龄（mental age）达到7岁标准的约占36.75%，达到9岁的占7.08%，仅及5岁标准的占4.51%。同年龄的孩子发展是存在差异的，而这种差异首先表现在思维上。也就是说，在面对同一问题时，学生对该问题的理解和思考的程度是不一样的。通过多种方式的还原，使思维直观化、可视化，关注学生的思维差异，可以促进学生理解知识，掌握技能，学会应用，提升思维的深度，提高思维的质量。下面笔者就以欧阳修的《醉翁亭记》为例，来谈谈如何实现思维的可视化。

笔者以读为线索，共设计了5个环节：①读得字正腔圆；②读得意思清楚；③读得层次清晰；④读得人物鲜明；⑤读出自我。其中，"字正腔圆"侧重于对读音准确度、文章熟练度、句子节奏感的训练；"意思清楚"是针对文章理解和学习积累而言的；"层次清晰"注重对文章内容和结构的理解；"人物鲜明"侧重于对主旨的理解；"读出自我"侧重于对文章的文化传承。在读得字正腔圆环节后，笔者没有进行一字一句的翻译，而是要求学生结合课下注释用简笔画的形式画出"醉翁亭"的位置。学生兴趣盎然，纷纷拿起笔来。五六分钟以后，基本完成。笔者挑选一幅，用投影投出来，让学生判断画得是否正确，并说出依据（图1）。

图片一展出，教室里一下子炸开了锅。请看教学实录：

生1：酿泉的位置错了！酿泉不是从琅琊山和另外一座山之间流出的。

师：有何依据？

生1：文中说，滁州城西南诸多山峰中，"望之蔚然而深秀者，琅琊也"，可见，琅琊山是独立的。

师："望之蔚然而深秀者"是什么意思？

生1：树木茂盛，又幽深又秀丽的，是琅琊山。而且作者是在琅琊山里走了六七里后，才渐渐地听到酿泉的声音的，所以酿泉不应该从琅琊山和另外一座山峰之间泻出。

生2：我觉得酿泉的气势没有画出来。

师：为什么呢？

生2：从两峰之间泻出，应该是垂直而且很飘逸、很有气势的。

师：有道理。

生3：醉翁亭的位置也画错了，应该在酿泉的上面。

师：你的依据是什么？

生3："有亭翼然临于泉上者"，书上写得很清楚，醉翁亭是高踞于泉水之上的。

师：那亭子的样子对不对？

生3：亭子的样子是对的，因为"翼然"的意思是像鸟张开翅膀一样，它是名词作状语，就像老师在《小石潭记》中讲的"斗折蛇行"一样。

……

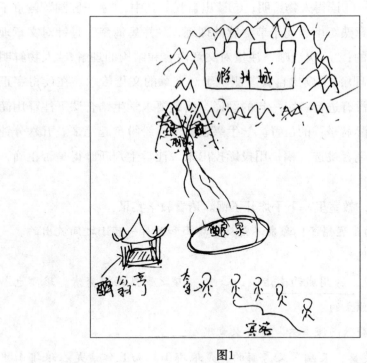

图1

趁着学生的兴趣被提起来了，笔者顺势让学生把整篇文章都用简笔画画出来（图2、图3）。

图2

图3

细读文章不难发现，画图2和图3的两名学生的理解都存在一定的问题，但经过大家讨论分析以后，所有的问题都得到了解决。文言文教学的一个重点问题——字词句的翻译，也艺术化地解决了，更重要的是学生全员参与了，学习的兴趣是浓厚的，学习的体验是愉悦的。

在文章的意思清楚之后，笔者尝试着引导学生用思维导图去分析整篇文章的结构，以便学生背诵，进行积累。大家讨论过后，最终形成了这样的思维图（图4）：

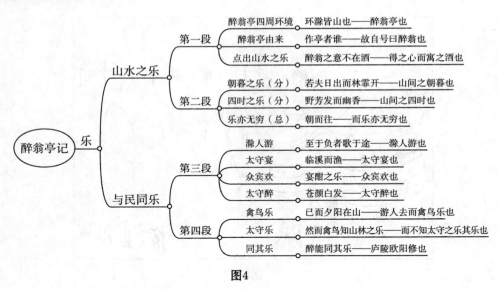

图4

在整篇文章学习完毕后，笔者和学生更加详细地整理了这篇文章的思维导图，以便学生能够全方位地理解这篇经典文章，对以后的复习、吸收、运用更加有利（图5）：

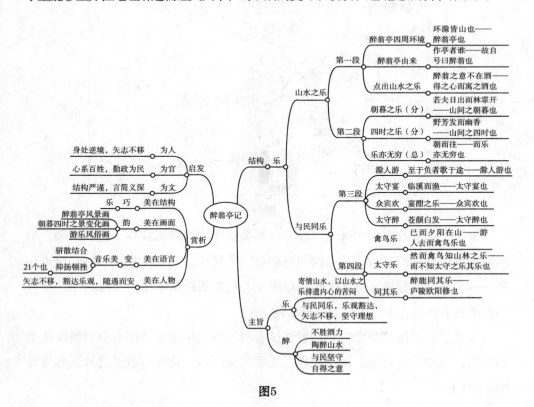

图5

在《醉翁亭记》的教学中，笔者共进行了四次思维可视化的教学。第一次呈现的是学生联系文本，展示醉翁亭位置的思维过程；第二次是学生基于全篇内容理解的思维呈现；第三次是关于文章结构的思维呈现；第四次是文章全部内容的思维呈现，也是整个教学过程教师思维的呈现。这节课共用三个课时，但每一个课时学生都热情高涨，兴趣盎然，课堂效果显著。有以下几点原因。

一、思维可视化是一个激发学生学习兴趣的过程

大脑有一个特性——最讨厌"机械重复"，而文言文教学的"法宝"恰恰是"机械重复"，这就导致课堂枯燥乏味，学生的学习兴趣不高。而借助图画、思维导图来进行词语积累、文章理解，打破了传统文言文单一、呆板的教学模式，让学生耳目一新，精刘为之一振，因此，能够激发学生的学习兴趣。而且，从实际的课堂效果来看，学生乐于接受这样的方式。

二、思维可视化是一个课堂人文化的过程

所谓"课堂人文化"就是尊重"人"，关注这个人，关注每一个人，关注这群人，让每一个学生都成为课堂的主人、学习的主人，让每一个学生都能享受课堂。而要做到这一点，就要关注学生的差异性，让其有差别地提高，而学生的差异更多地表现在思维上。思维是抽象的，看不见，摸不着，而思维可视化，还原文本内在思维逻辑，还原学生的思维过程，让学生敢于在课堂上犯错，暴露错误，包容错误，改正错误，这样就便于知识的学习和思维深度的提升。例如，图1其实就是学生思维的一次展示。很明显，这个学生并没有完全理解文章内容，但经过大家讨论，问题解决了，有类似错误的学生也在集体智慧中理解了文章内容。这样，我们不仅关注到了这个学生，还关注到了有同样问题的学生，让他们成为课堂的主人。

三、思维可视化是一个提高课堂效度的过程

美国哈佛商学院有关研究人员的分析资料表明，人的大脑每天通过5种感官接受外部信息的比例分别为味觉1%、触觉1.5%、嗅觉3.5%、听觉11%以及视觉83%。而图画对视觉的冲击影响最大，人通过图画获得的信息印象最深刻。据

信息传播学及脑科学的研究，在各类信息中，图像信息的传递效率最高，大概是声音信息传递效率的两倍、纯文字信息传递效率的十倍。俗话讲，"一图胜千字"，说的也是这个道理。思维可视化就是把思维变成具体可观的图画，给学生以视觉的冲击，让学生方便理解，记忆深刻，课堂效率自然就提高了。

四、思维可视化是一个注重思维培养的过程

在传统教学过程中，教与学大都停留在知识表层，没有深入理解知识的本质，没能厘清知识的内在结构，对考试规律、学科规律、思维规律更缺乏了解与把握。而运用思维可视化教学，对知识进行"精加工"，更加注重知识的整体性、系统性和逻辑性。这个过程既教知识、教方法，也培养思维。

总之，思维可视化把抽象的思维变得具体可观，注重对知识的"深加工"，激发学生的学习兴趣，提高课堂效率，指向学生的思维力。

参考文献

［1］陈东生.初中古诗文教学现状和对策［J］.山东教育，2011（35）：
       28-29.

［2］王荣生.文言文教学教什么［M］.上海：华东师范大学出版社，2014.

基于还原背景的文本解读刍议

——以《木兰诗》为例

深圳市艺术高中　李　柏

著名语文教学专家程红兵校长有一句话："为了在语文课堂教学中便于学生理解相关文本或相关知识，我们必须有意识地引入时代故事、背景故事、作者故事，还原作者当时所处的历史背景和当时情境，这种方式就是'还原背景'。"

作为中学语文课堂模型建构的重要组成部分，还原背景的目的是让学生在阅读文本的过程中能够对作者所处的时代和创作背景有更加清晰的认识和了解。基于这一理念，语文教师和历史教师首次在课堂上合作，创造性地进行了语文与历史的整合课尝试，并根据这两个学科与生俱来的互补性大胆地进行了还原背景方法的思考和总结。

经典诗篇《木兰诗》脍炙人口，千百年来为人传颂，特别是其中替父从军、报效国家的女英雄花木兰，其形象更是深入人心。后世学者关于花木兰其人的文献和考证五花八门，但是如果要具体谈一谈花木兰的人物形象，似乎又很难有一个清晰的结论。

语文教师在实际授课的过程中，经常会遇到学生问一系列"刁难"式的问题，如：

花木兰是女人，在军队当中为什么没被发现？

为什么花木兰为国而战，但是武器装备却要自己买？

为什么花木兰家没有适合参军的男丁，却一定要派人去？

语文教师在课堂上遇到这样的问题时，往往会无所适从，而应对方法或者是含糊略过，或者是一语带过，但是这样的处理反而会更加激发起学生对这些问题的好奇心。反过来说，如果这些问题处理得不到位，学生就很难弄清楚花木兰的人物形象特征，甚至更难理解文章的主题，因此，还原背景在这种时候就显得尤为重要。我们先从一段课堂实录开始。

教师要求学生们通读课文的第一段，然后提问。

师：同学们，我们来看第一句，"唧唧复唧唧，木兰当户织"，大家猜一猜木兰的家庭背景是什么样的？

生：很普通，因为她一直在织布。

师：是的，一个名门望族家的大小姐是不用劳作的。

师：从"昨夜见军帖，可汗大点兵，军书十二卷，卷卷有爷名"中，你们能发现什么？

生：军情紧急。

师：哪个字体现了军情紧急？

生：大。

师：但木兰家的情况又是什么样的呢？家里有没有能去参军的人？

生：没有，原文说"阿爷无大儿，木兰无长兄"。

师：那么从"愿为市鞍马，从此替爷征"，你们能发现木兰什么样的品质？

生：孝顺、勇敢。

师：哪个字能看出孝顺？

生：愿。

师：哪个字能看出勇敢？

生：替。

课上到这里，教师需要带领学生从文本的细节入手，去分析文章中木兰的人物形象，让学生对木兰的性格特征有一个基本的认识。

这时有一名学生提出了这样一个问题。

生：为什么卷卷都有木兰父亲的名字，他打仗很厉害吗？

这个问题提得恰到好处，也是学生在阅读文本时一定会出现的疑问：为什么木兰父亲的名字一定会出现在征兵的文告上？要解决这个问题，我们就要使用还原背景的方法，而历史老师提供的助读材料可以很好地回答这个问题。

材料一

府兵制，起源于鲜卑族的部落兵制度，一直沿用到了唐朝中期。府兵制实行兵农合一，士兵农时耕种，战时征战。他们的户籍由军府掌握，一人当兵，全家编入军籍，且终生为兵，世代为兵，因此被称为"兵户"。

师：我们找一下这段材料中的关键词，府兵制的特点，你看到了什么？

生：一人当兵，全家编入军籍，世代为兵。

师：所以木兰家没有男丁也一定要派一个人去。

以上课堂实录，教师通过还原背景把木兰的基本性格特点和其家庭特有的兵户身份展现给学生，于是学生就这样自然地解决了一个大疑问——木兰为何必须参军。接下来，教师继续引导学生解决其他疑问。

师：同学们，老师有一个问题，木兰是替代谁去打仗？

生：父亲。（齐）

师：那她是为了谁打仗？

生：国家。（齐）

师：那为什么她为国家打仗，武器装备还要自己买呢？

生思考。

这个问题关系到《木兰诗》中一个颇为关键的历史背景。在教学过程中，教师要注意引导学生思考两个问题：一是木兰为什么要自己购买装备；二是这个装备隐晦地向我们透露了关于木兰的哪些信息。第二段材料的引入可以帮助我们找到这个问题的答案。

材料二

政府规定：府兵有自备的弓矢衣粮，不由国家供给，除了重兵器由政府置办……《唐律疏义》中记载，重兵器是指"甲、弩、矛等，依令，私家不合有"。

师：这段材料在课文中有哪些体现？

生：东市买骏马，西市买鞍鞯。南市买辔头，北市买长鞭。（齐）

师：同学们，我们都知道北魏是由哪个民族建立的——鲜卑，府兵制主要是针对哪个民族而制定的——鲜卑，木兰家恰巧就是兵户，那么大家大胆地猜测一下木兰是哪个民族的人？

生：鲜卑族！（齐）

师：大家再看看木兰购买的装备，骏马、鞍鞯、辔头、长鞭组到一起是什么？

生：战马！

师：鲜卑族是游牧民族，所以他们的军队通常是什么兵种——骑兵，木兰他们的行军速度很快，古代行军最快的兵种是什么兵种——骑兵，所以大家认为木兰是什么兵种——骑兵。

师：还有没有能证明木兰是骑兵的句子？

生：有，"旦辞爷娘去，暮宿黄河边"，早上离开家，晚上就到了黄河边，说明木兰的行军速度很快。

师：非常好，我们现在总结一下，木兰是一个出身平民家庭，具有兵户身份，兼备孝顺、勤劳、勇敢品质的鲜卑族女骑兵！（学生鼓掌）

由此可见，《木兰诗》作为一篇经典的文学作品，在创作的过程中或多或少地都会融入当时的社会现实，而我们恰恰就可以通过其留下的历史印记，并根据翔实的历史材料对文章当中学生产生疑问的部分进行文本解读。这就是语文课堂模型建构当中的一种解读文本的方法，叫作"还原背景"。

基于动态视角理论的文言文教学刍议

——以《曹刿论战》为例

深圳市艺术高中　李　柏

动态视角理论起源于我国著名中学语文教育专家、深圳明德实验学校校长程红兵提出的课堂模型建构理论，是该理论七个模型要素中的重要组成部分。我们可以简单地将其理解为变化地看待事物的方法，即相同人物在不同时间看待同一问题的角度或不同人物在同一时间看待相同问题的角度。在实际教学中，我们通过不断切换审视问题的角度，便可以全面地了解文章的主旨和作者的创作目的。

《曹刿论战》是人教版教材九年级下册的一篇课文，全文紧紧围绕齐鲁长勺之战前的战与不战、以何为战做了多次语言交锋。那么在这样一篇由对话构成的课文当中，动态视角是如何呈现的？下面笔者将通过这个课例来做如下说明：

师：同学们，我们今天一起来学习一篇古文，请同学们一起来读一下它的题目。

生：曹——刿（学生声音变小，也有读错的情况）论——战！

师：好，我们发现问题了，下面来纠正一个字，刿（guì），请大家在课本上进行标注。

师：大家思考一下，看到这个题目，你们想了解哪些事情？

生1：曹刿是谁？

生2：论的是哪场战争？

生3：他是怎么论的？

请注意，此时第一个视角人物曹刿已经出现，部分学生会开始从曹刿的视角审视文章的内容，即第一层视角。

师：好，非常好，那大家觉得这个题目当中哪个字最重要？

生：论。（异口同声）

师：好的，那今天我们就解决两个问题：第一，论了什么；第二，怎么论的。

师：首先请同学们齐读一下文章的第一自然段。（无标点的原文）

学生齐读，断句出现问题。

师：大家看一看，屏幕上的自然段和我们课本上的有什么区别？

生：没有标点符号。

师：是的，但古代的书都是没有标点符号的，那古人是怎么读书的呢？这就涉及一个读原版古文的技巧，叫作句读。

师：在这篇文章中，我们普及几个简单的句读知识，"之"字作代词时断，作助词"的"时不断，另外，"也"字断句，"焉"字断句，"曰"字断句。

请学生们再读一遍。（素读法）

师：同学们，大家找一下，这篇文章中哪个字出现的次数最多？

生：曰。

师：所以这个自然段主要是由什么组成的？

生：对话！

师：好的，那我们就读几句话，对比一下，看看语气上有什么区别。（屏幕给出）

生："肉食者谋之，又何间焉"，语气是商量。

师：好的，我们来看第二句。（屏幕给出）

生："何以战"，语气是疑问，带有质问的口吻。

师：好了，请同学们根据课下注释自己翻译一下课文的第一自然段。（3分钟）

师：好，时间到，大家有问题吗？

生："神弗福也"是什么意思？

师：好的，谁能替他解释一下这句话是什么意思？

生：神是不能保佑你的。

师：非常好，还有其他问题吗？

学生沉默。

师：好的，那老师提几个问题，你们来判断一下。

师："齐师罚我"中的"我"指的是曹刿，对不对？（曲问法）

生：不对，是指鲁国。

整堂课我们从一个"论"字入手，逐渐进入文本的核心。首先通过反复诵读来熟悉文本内容，接着适当地引入句读的知识和关键字词的意思，目的是让学生发现文章的写作特点，即用对话构成文章的核心，最终引导学生发现隐藏在文章中的其他视角。

师：好，下一个问题，第一段中出现了哪几个人物？

生：曹刿、乡人、公。

师："公"是谁？

生：鲁庄公。

师：还有谁？提示一下，他们是一个阶级。

生：是"肉食者"。

生：他们是贵族。

师：非常好。曹刿对贵族的评价很不错，对吧？

生：不对，"肉食者鄙"。

师：好，请问在第一自然段，他们一共论了几次？分别是和谁？

生：两次，第一次是曹刿和乡人，第二次是曹刿和鲁庄公。

师：请同学们再次齐读一遍课文，这次要带着语气去读。

生齐读。

师：曹刿和乡人的核心论点是什么？

生：要不要去。

师：那曹刿和鲁庄公的论点是什么？

生：凭借什么打。

师：很好，我们来看一下，鲁庄公打仗最先想依靠什么？

生：人民，百姓。

师：是这样的吗？你看看鲁庄公想把财物分给谁，就是他想依靠谁。

生：哦，是贵族。

师：对，但是曹刿认为能成功吗？

生：不能。

师：他还想依靠谁？

生：神灵。

师：对了，他还想依靠神灵，可以吗？

生：不可以。

师：大家有没有注意到一件事——乡人的表现很奇怪。

师：对于一个国家来说，还有什么比敌国入侵更应该为国而战的呢？但是乡人为什么会不支持曹刿？你们猜一猜这是为什么。

生：鲁庄公不爱护百姓，很坏！

师：有没有直接证据？

生：最后才想到用公正执法拉拢百姓。

师：那么大家猜一下，曹刿是什么身份的人？

生沉默。

师：或者说，曹刿起码不是什么人？

生：不是"肉食者"。

师：很好，所以要取得战争的胜利，什么才是关键？

生：人民是关键。

师：顾炎武的名言"天下兴亡，匹夫有责"，同样"水能载舟，亦能覆舟"，所以，天下能够安定，依靠的是人民的力量。为君者，要实施仁政。

不难发现，在看待"齐师伐我"这件事上，曹刿、鲁庄公、乡人均有着不同的看法。而从不同的角度去审视这些人的行为和语言，我们就能清晰地发现，其实文章的主旨已经呈现在眼前了，不同视角造成的矛盾冲突，其本身就是文章的写作目的和意义。这也是动态视角在教学方法上的借鉴意义。

参考文献

[1] 程红兵."课堂模型"之明德设计 [J].上海教育，2015（10）：18-19.

聚焦课堂行为目标，巧用"加减"激趣诗词

——以《定风波》为例

深圳市艺术高中　李　柏

深圳市红岭中学　黄州洋

近年来，《中国诗词大会》等国学综艺节目大放异彩，再一次把中国传统文化拉回普通民众的视野当中。而作为中国文学瑰宝的经典的唐诗宋词，更是语文课堂上的重中之重。

笔者听过一些教师的公开课，在诗词教学方面，常规、有效的教学方式一般是声情并茂的师生朗读、气氛热烈的小组讨论、循循善诱的诗句赏析，最后在大团圆的背诵中结束。但是，在课下与学生的交流中，往往看不到他们学习诗词之后的兴奋，甚至一些学生在课堂上就早早地游离于"三界"之外。著名语文特级教师胡立根先生认为，"语文主体单相虚位对话"的客观存在是学生无法习惯性融入课堂的根本原因。基于此，结合课堂模型建构理论，笔者执教了这样一堂重点运用行为目标、综合运用变异理论的诗词教学课，还望诸贤批评指正。

一、引导学生行为，试探教学疑点

所谓行为目标，说得浅显易懂一些就是教师希望学生在课堂上干什么。为了尽快找出学生的疑问点，教师一开始便选取了最为简单、直接的方法，即用听写法来取代传统的感悟式朗读，这样做的好处是在学生还没有见过文本的情况下，就先通过自己的理解来听写句子，而在这种情况下写对的句子，即便过

了很久也不会出错，而听写时写错的字词就恰好成了这堂课的教学点。

以下是课堂实录：

师：同学们，请大家拿出一张纸，现在我们开始听写。（教师朗读《定风波》正文，学生听写）

师：写完的同学请抬头（屏幕上呈现全词），大家对照一下自己的答案，看看哪个字你没有写对。

学生对比订正。

师：好，请大家看一看这些字词，它们分别是什么意思？

学生茫然。

师：请大家翻开课本，细读课下注释并将这些词圈出来。

教师在这个环节需要进行一定的预设，根据学生的学习情况，预判几个很可能会出错的字词，并且做好注释。如果教师预判的易错字就是学生们写错的，这种具有前瞻性的小技巧往往会激起学生极大的兴趣，同时我们也可以通过这个环节，让学生在活动中初步感知全词，疏通文义，为下面的教学做铺垫。

二、组织学生行为，丰富感性理解

陌生化理论是俄国文艺理论家什克洛夫斯基最早提出的，这种理论旨在通过不断的变化来更新人们对既有事物的认识，进而使人们产生新鲜感。在听写订正环节结束之后，我们梳理了基本的生僻字词，对整首词有了一个粗略的了解。但是在语文课堂上，读是必不可少的环节，如何让学生充满新鲜感地读呢？教师对文本进行了如下处理：

（屏幕上投影）

莫听穿林打叶声何妨吟啸且徐行竹杖芒鞋轻胜马谁怕一蓑烟雨任平生料峭春风吹酒醒微冷山头斜照却相迎回首向来萧瑟处归去也无风雨也无晴

师：同学们，我们来一起读一下这首词。

学生齐读。

师：大家读得非常好，字音都读准了。现在大家再看看，屏幕上的这首词和课本上的有什么不一样的地方？

生：没有标点符号。

师：非常好，那老师把标点符号还给大家。我们来看一下，都有哪些标点符号？

生：逗号、句号、问号。

师：这三个标点符号在读的时候有什么区别？

生：逗号停顿比句号短，问号要用疑问语气。

师：好的，那我们一起再读一遍。

学生齐读。

师：读得真好，但老师感觉还是缺少了一点诗词的韵味，大家看看这首词的句子是以几言为主的？

生：七言。

师：那我们在读的时候通常要怎样停顿？

生：二二三停顿。

师：那我们再读。

学生齐读。

两次变化，三次齐读，且每一次都和上一次不一样，这就是文本陌生化通过课堂模型中的变异理论进行的演示，所有学生都参与其中，而且行为目标清楚明确，课堂教学效果良好。

三、调动学生行为，"加减"激趣诗词

诗词的赏析应该怎么讲？讲理论，容易让人昏昏欲睡；讲意向，又难免顾此失彼。那么，如果把学生的自主性充分调动起来，我们就能化繁为简，把诗词的赏析以活动的方式呈现出来，如"加减法"。

师：大家可不可以把这首词改成一首七言律诗？（学生举手）

生：去掉词中的两个字的句子。

师：那五言律诗行吗？

学生思考。

师：大家别急，想一想有没有哪个字是不能删掉的？

学生观察。

师：大家看看哪个字在文中出现的次数最多？

生：雨！

师：苏轼笔下的雨代表什么？

教师解读雨的意象。

师：还有什么是不能删掉的？

（屏幕上投影）

（1）人生如梦，一樽还酹江月。

（2）认得醉翁语，山色有无中。

生：酒！

改变原词的形象，从词到诗，减少词中字数，突出核心，主旨也就显而易见了。"加减法"的妙处在于在活动中聚焦学生的行为，帮助教师解决核心问题。

四、监测学生行为，达成教学目标

了解了苏轼的雨和酒，这首词背后的意蕴也就一目了然了，学生都记住了吗？如果不敢确定，那就不妨用这样的方式来进行检测。

师：苏轼的雨和酒，大家都了解了吗？

学生点头。

师：那我们来检测一下。

（屏幕上投影）

（1）拟拟，疏雨过，风林舞破，烟盖云幢。愿持此邀君，一饮空缸。

（2）昨夜雨疏风骤，浓睡不消残酒。试问卷帘人，却道海棠依旧。

（3）把酒祝东风，且共从容。垂杨紫陌洛城东。

（4）青旗沽酒有人家。城中桃李愁风雨，春在溪头荠菜花。

师：请问哪一句是苏轼写的？

通过这样的方法，学生刚刚模糊的记忆被迅速激发强化。最后，在齐背声中，全课结束。

综上所述，基于课堂模型建构理论，本堂课的课堂模型设计可以简单概括为：行为目标+还原思维+变异理论+还原背景。

通过以上方法，教师在课堂上可以更加准确地聚焦学生的行为，调动学生的积极性，激发学生的创造力，让每一个学生在课堂上都有事可做、有话可说，真正实现一堂有思维流量的、有学生发起度的高效课堂。

"文本陌生化"在语文教学中的应用

——以《五柳先生传》为例

深圳市艺术高中　李　柏

　　语文是我们的母语学科，那么我们在今天的语文课堂上应该教什么？除了传统的修辞手法、文体知识、文学常识、描写手法，我们还能不能提供一些让学生耳目一新的内容？在笔者自己的语文课堂上，学生们总是会很配合地回答我提出的问题，认真地记笔记。但是事实上经过多年的传统语文教学训练，几乎每一个学生都能驾轻就熟地大致预测老师的教学流程和教学方法。这样进行教学对吗？答案是肯定的，我们毫不否认这种授课方法的正确性，但是，这样的内容有趣吗？好玩吗？对提高学生的课堂发起度有帮助吗？究竟是学生的学习毅力在支撑这一堂课，还是课堂本身真的对他们充满了无尽的吸引力？杭州市余杭高级中学的应键老师在《陌生化阅读：阅读教学的一种有效尝试》一文中提出："语文阅读教学从某种意义上说也是一种艺术创作，可以借用艺术创作的陌生化原理避陈去俗，翻新出奇，激发学生的语文学习兴趣，改变语文教学低效率的状况。"于是基于这一事实，笔者开始在中学语文课堂教学设计中尝试用"文本陌生化"的方式，改善学生语文学习兴趣不高的现状。

　　《五柳先生传》是人教版教材八年级下册的一篇文章，作者是东晋时期的著名文学家陶渊明，文章字里行间充分表达了作者的理想和人生愿景，是一篇不可多得的佳作。那么，让学生在了解全文内容的基础上对文章产生兴趣，并且对文章的主旨有更加深入的理解，就是"文本陌生化"设计的关键。

一、巧用曲问，疏通文义

"曲问"是上海著名语文教学专家钱梦龙老先生独创的教学方法，也是一种陌生化的设问方法，该方法在钱老的经典课例《愚公移山》当中有极佳的呈现。笔者借鉴了钱老的方法，对文章的第一段内容进行了如下问题设计：

（1）文章中的这个人名叫五柳先生吗？

（2）那他的名字是怎么来的？

（3）这个人不爱说话，但是喜欢钱财？

（4）他喜欢喝酒，所以经常喝？

（5）他的老师经常请他喝酒？

（6）他的酒品很好，很少喝醉？

（7）他家里的条件非常好？

通过以上几个问题，笔者带领学生把文章的第一段内容大致梳理了一遍，并采用故意错误的提问方式，让学生发现问题，以此来加深学生对文章内容的理解，但是由于问题设计过多且较零碎，所以与预期效果有些许出入。

二、核心字词，主旨之魂

在语文教学过程中，我们往往需要从文中找到一个教学的点作为突破口。《五柳先生传》中的第一自然段内出现了七个"不"字，这是非常有趣的现象。这七个"不"字，有着淡淡的自嘲，有着几分对黑暗官场和腐败朝廷的厌恶，有着几分对所谓荣华富贵、功名利禄的不屑，把它作为教学的核心词汇是非常合适的。以核心字词为突破口，更有助于学生对作者意图的理解，还可以帮助学生了解这种写作方法。

三、材料引入，丰富视野

语文教学陌生化的核心是一直保持学生对文本的新鲜感，而最好的新鲜感就来自与课文相关的新文章。在这节课上，笔者选用《晋书·陶潜传》的原文作为阅读材料，值得一提的是，《五柳先生传》就是《陶潜传》的一部分。我从原文中选取了记载"不为五斗米折腰"的故事的一部分，借此帮助学生加深对陶潜的了解，同时让学生对文章的主旨有更加清晰的了解。

素简贵，不私事上官。郡遣督邮至县，吏白应束带见之，潜叹曰："吾不能为五斗米折腰，拳拳事乡里小人邪！"

综上所述，"文本陌生化"教学的方法目前仍然处于初步探索阶段，接下来，笔者将继续尝试和学习相关教学理论与方法，不断完善，不断修正。正如应键老师所说："以陌生的眼光去感悟，与文本展开对话，对文本细心揣摩、整体把握、全面理解，从客观、审美、价值观等层面对自己的发现、体悟进行反思、辩证和提升。"只有这样，才能让学生对文本始终保持兴趣，并持续进步。

变异理论指导下的原型辨析教学尝试

——以《隆中对》课堂教学为例

深圳市第七高级中学　马彦明

变异理论是世界著名教学论专家、瑞典哥德堡大学教授马飞龙（Marton）于20世纪90年代提出的，是在国际上有相当影响力的一种学习理论。该理论强调通过对所学内容的关键属性进行区分，从而掌握教学内容。"学习过程被视为学习者经验与周边世界现象的能力的变化，也就是能够审辨并关注这个现象的关键属性。"基于这一点，程红兵校长在《"课堂模型"之明德设计》一文中专门强调了"理解迁移，讲究还原"。程校长要求，明德的课堂教学既要考虑知识点的标准正例，也要考虑各种非标准正例，还要考虑反例，从而让学生全面、深入地理解所学内容的关键属性。笔者在设计《隆中对》的教学时，尝试以《隆中对》的故事为标准正例，以"三顾茅庐"的故事为非标准正例，以"苏秦游说列国"的故事为反例，从而引导学生准确掌握《隆中对》的核心思想。

一、创设情境，提供非标准正例

创设情境，这是当今课堂上经常使用的教学方法。事实上，情境教学能够"有效地促进学生掌握并迁移知识，有利于促进学生真实地学习，有利于学生主体性的构建"。因此，在《隆中对》教学的一开始，笔者也使用了这一方法进行解题。

师：同学们，"对"是什么意思？

生1：应对、回答。

师：在哪里应对？

生：隆中。

师：谁在问，谁在答？

生2：刘备问，诸葛亮答。

师：这个故事大家熟悉不熟悉？哪位同学来讲一讲？

生3：这个故事叫作"三顾茅庐"，讲的是诸葛亮隐居在隆中，刘备去拜访他三次，请他出山，最终诸葛亮被刘备的诚意打动，决定辅佐刘备打江山的故事。

师：故事讲得很好，大家要注意，是谁被谁感动了？

生：诸葛亮被刘备感动了。

师：《隆中对》中记载的真实情况是不是这样呢？我们一起来学习。

在课堂的开始，通过题解，笔者为学生提供了一个熟悉的故事情境。这一情境激发了学生的学习兴趣，同时也让学生自然而然地讲出人们通常知道的"三顾茅庐"的故事。当然，这一故事是非标准正例，原因在于它与《隆中对》有相似之处，即基本的故事情节是相似的；但也有关键属性的差异，即"对"的内容以及"对"的背后刘备和诸葛亮二人的想法和意图是不同的。这一非标准正例的提出，为学生审辨文章的关键属性做了铺垫，也为学生学习《隆中对》提供了便利。

二、品读细节，比较关键性差异

根据变异理论，学生在学习一种概念的属性时，必然会分辨和注意概念的相关属性，而如果没有概念相关属性不同维度的呈现，学生是不可能把握其关键属性的。因此，在学生回顾了"三顾茅庐"的故事之后，笔者开始带领学生进入文本，来真正学习《隆中对》。

师：大家预习了课文，谁能告诉我，哪一段是写"对"的？

生4：第四段。

师：我们先不看第四段，我们看看刘备和诸葛亮"对"完之后，发生了什么。一起来读一下五、六段。

生读五、六段。

师：哪位同学说一说发生了什么？

生5：诸葛亮和刘备成了好朋友。

师：从哪个词看出来的？

生5："情好日密"，就是指他们的关系一天比一天好。

师：好到什么程度？跟刘备、关羽、张飞的关系相比呢？

生6：那也比不上诸葛亮与刘备的关系，因为文中说"孤之有孔明，犹鱼之有水也。愿诸君勿复言"。

师：那么这说明什么？是谁感动了谁？

生7：是诸葛亮感动了刘备。

师：原来是诸葛亮感动了刘备啊！这个结论好像与"三顾茅庐"的故事有些不同哦。那诸葛亮是怎么感动刘备的？他的哪些话感动了刘备？我们一起来看。

在这一环节，笔者通过对"情好日密"和刘备的一些话语细节的品读，引导学生逐步思考《隆中对》与"三顾茅庐"的故事在关键属性上存在什么差异，最终发现了一个矛盾之处：是刘备感动了诸葛亮，还是诸葛亮感动了刘备？而这正是《隆中对》中"对"的核心所在。于是在接下来的教学环节中，笔者引导学生认真品读第四段，厘清了诸葛亮对曹操和孙权的评价，并找到了诸葛亮为刘备设计的政治蓝图——"霸业可成，汉室可兴"。事实上，正是这宏伟的政治蓝图，使得刘备完全被诸葛亮的政治谋略所折服。

可以想见，学生在学习《隆中对》时，如果没有"三顾茅庐"做对比，是不能准确理解当时诸葛亮为刘备设计的政治蓝图对刘备的震撼效果的，更不能理解为何刘备在关羽、张飞二人"不悦"的情况下，还会说"孤之有孔明，犹鱼之有水也。愿诸君勿复言"这样的话。在与非标准正例的比较之中，学生理解了同一事件不同版本之间的差异，从而准确理解了"隆中对"成为千古美谈的关键属性，这其中不仅有刘备三顾茅庐的诚意，也有诸葛亮三分天下的谋略。

三、反例对比，品味人物关键属性

变异理论认为，学习源于变异，变异（variation）、审辨（discernment）和同时性（simultaneity）是变异理论的三要素。而正是由于变异，我们能够体验与分辨学习对象的关键方面。当不同的变异出现在同一时段时，它们使学习者认识到学习对象的不同方面。通过与非标准正例的比较，学生看到了诸葛亮的慷慨陈词在这一事件中所起的关键作用，然而类似的陈词在其他情况下是否会起到相似的作用呢？笔者引入了另一个故事当作反例，来启发学生思考。

师：同学们，我们来读一下这些句子。

（展示课件，生齐读）

荆州北据汉、沔，利尽南海，东连吴会，西通巴、蜀，此用武之国，而其主不能守，此殆天所以资将军，将军岂有意乎？益州险塞，沃野千里，天府之土，高祖因之以成帝业。刘璋暗弱，张鲁在北，民殷国富而不知存恤，智能之士思得明君。

师：从这一段话中，我们看到诸葛亮对天下大势意气风发的评说，我们能想象到刘备听到这番言论之后的心潮澎湃。可见诸葛亮能够施展抱负与他的这一番话有紧密联系。不过老师翻看史书，发现另一个人也说过类似的话，大家看。

（展示课件）

（苏秦）说惠王曰："秦四塞之国，被山带渭，东有关河，西有汉中，南有巴蜀，北有代马，此天府也。以秦士民之众，兵法之教，可以吞天下，称帝而治。"

师：大家看，语言多么相似，可苏秦得到的结果却是这样……

（展示课件）

秦王曰："毛羽未成，不可以高蜚……"弗用。

师：为什么会有这样的差异？

生8：苏秦没有找到一个像刘备这样招贤纳士的君王。

师：有道理，还有没有别的原因？

生沉默，思考。

师：老师给大家看一下苏秦这一家人。

（展示课件）

（苏秦）说秦王书十上而说不行。黑貂之裘敝，黄金百斤尽……归至家，妻不下纴，嫂不为炊，父母不与言。

师：同学们从这一段里看到了什么？

生9：他家好有钱，有"黄金百斤"。

师：他家是真的有钱吗？

生10：不是，应该是借的，因为"妻不下纴"，妻子还要做手工，可见家里穷。

师：那苏秦为什么要借黄金去游说秦王？

生11：想做官发财。

师：那他失败之后家里人的表现呢？

生12：他嫂子不给他做饭，他父母看都不看他一眼，可见苏秦一家都是势利之人。

师：那么诸葛亮是一个怎样的人呢？大家读一下一、二段。

在本环节，笔者引入了一个言论与诸葛亮极为相似的人物——苏秦，并通过其结果的差异，引导学生思考，他俩有相似的言论，为什么一个成功，一个却失败了。事实上，在这一环节，笔者试图通过苏秦这一反例，来引发学生思考《隆中对》一文的另一个核心价值。已经有学生提到了君主的问题，但这不是笔者引入反例的真实目的，于是笔者又引入了苏秦的家庭背景，让学生直观地感受到苏秦一家的"功利"之心，从而与诸葛亮高卧隆中、志向高远做对比。在与反例的比较之中，学生很容易就找到了诸葛亮与苏秦的差异，即一个是以"复兴汉室"为梦想的高士，另一个却是以"功名利禄"为追求的势利之人。那么学生对《隆中对》流传千古的原因便有了更深一层的认识：贤君刘备的求贤若渴，高士诸葛亮的雄心壮志，在那个茅庐之中产生了强烈的共鸣，共同汇聚成复兴汉室的梦想，从而演绎出一段流传千古的佳话。在反例的对比之下，学生从另一个方面认识到了《隆中对》的价值和意义。

当然，笔者在本节课的尝试还是粗浅的、生硬的，需要更长时间的磨炼，不过在本节课上笔者以变异理论为指导，带领学生从不同的方面来观照文本，就好比给学生提供了各种图片，让学生以心为镜，仔细品味其中的细微差别，找到不同，从而找到了文本独一无二的核心价值。

参考文献

［1］彭明辉.现象图析学与变易理论［J］.教育学报，2008（5）：33-38.

［2］程红兵."课堂模型"之明德设计［J］.上海教育，2015（10）：18-19.

［3］王传明，刘少坤.浅议课堂教学情境创设的策略［J］.中国科教创新导
　　　刊，2008（3）：157-158.

还原思维，培养思维能力

——以《游褒禅山记》为例

深圳明德实验学校　陈诗梅

还原思维，是指思维的可视化应用，可直观地把课堂教学中思辨性的处理对象推导性地图像化，是以思维流量为基础的语文课堂模型中还原要素的第三种形态，可以以思维导图或概念图等形式呈现。

王荣生教授指出，中学文言文是中华民族的经典实用篇章，是文学史上优秀的名篇作品。语言作为思维的工具而存在，笔者认为文言文给我们带来的不仅仅是古人的思维方式，更是一笔宝贵的精神财富。目前，高中文言文教学存在较为紧迫的问题是：思维方式的探索较为浅显，过度侧重字词落实，这样就分离了整体与部分的统一性，忽视了学生的情感，导致了价值和生命意义的缺失，人文课堂也未能得到实践。程红兵校长在《教师的文化自觉决定了课改的成功》报告中表明：文化因子的缺失意味着生命的贬值与枯萎。为了提高学生的思维能力和审美情趣，王荣生教授在《文言文教学教什么》一书中进一步强调：要在文言文中探讨文章逻辑以及作者思维脉络、文言文之"所言志所载物"。笔者认为这些都向我们阐明了生命、文化意义在文言文教学中的重要性。在本文中，在王荣生教授、程红兵校长和杨金锋老师的理论指导下，笔者以王安石的《游褒禅山记》为例，探讨课堂模型中的还原思维在实际教学中的应用。

一、还原思维，激发学习兴趣

兴趣，在赫尔巴特看来，是一种对事物持有较高注意力的积极自主的心理状态。在《普通教育学》中，赫尔巴特把兴趣投放到教育领域进行论述，并认为这种自主性心理活动可让学生发挥自由想象力，激发他们的学习兴趣。在《游褒禅山记》的教学设计中，笔者注重对学生学习兴趣的激发，在一个环节中要求学生结合个人理解和课文注释用简笔画画出褒禅山的整体布局。在教学中，学生跃跃欲试，兴致勃勃地提笔绘图。一张张褒禅山整体布局图逐渐生成，笔者从中挑选出一幅并投放到白板上，让学生判断正误，从文本内容出发寻找依据（图1）。

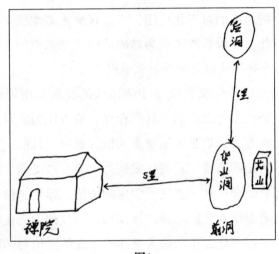

图1

为了更真实地反映学生探究时的"热闹"场景，笔者截取教学实录如下：

生1：华山洞和碑中间应该加上距离，这样更准确！

师：为什么这么说？你的依据是什么？

生1：文中第一段的第三行说了"距洞百余步"，这是距离，应该准确画上去！

生2（忙接话）：是的！而且他还把碑给画错了！

师：哦？你说"曰'花山'"的这块碑画错了，哪里错了？

生2：是这块碑放置的方式错了，它应该是倒在地上的。

师：那你怎么知道这块碑应该倒在地上而不是立着呢？

生2：原文中说了"有碑仆道"，"仆道"是"仆于道"的省略，就是倒在路旁的意思。

师：依据找得非常准确。修正这两个地方后，布局图准确了吗，同学们？

生3（随即应声）：不！我觉得文中说的"其下平旷，有泉侧出"并没有画出来。

……

在学生积极发表意见并主动修正后，整幅布局图被重新勾画了出来（图2）。

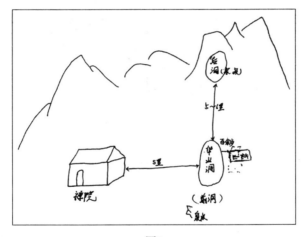

图2

在本次教学活动中，笔者通过还原思维使思维以简笔画的形式实现可视化，增强了课堂的趣味性，还原了作者王安石眼中的褒禅山，在学生与作者之间构造了初级"桥梁"，即实现从作者经历的角度出发，让学生深入体验作者的思维方式和情感认知。实际课堂中，学生表现出较高的参与度与兴趣，这在一定程度上打破了乏味的文言文教学模式。正如魏开军老师所说，学生自主参与度的提高，催生了灵魂的躁动。

二、还原思维，培养思维能力

在《为一所理想的学校而来》中，程红兵校长强调：在教学中应该让学生从作者的角度出发，去理解文章的生成，理解作者的思维过程。因此，与以往对《游褒禅山记》逻辑关系囫囵吞枣式的处理方式不同，笔者以该指引为导向，注重对学生思维能力的培养，着力于作者情感、思维的再现。在处理《游褒禅山记》的一个教学环节时，笔者采用思维导图来还原作者的逻辑思维和情感内涵。在实践中，学生通过小组合作探究活动生成组内独有的思维导图，笔者挑选第三小组的思维导图进行展示（图3）。

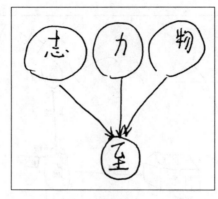

图3

第三小组的作品一经展示，便引发了课堂上有秩序的激烈讨论，请看下面截取的教学实录：

师（指着白板上画出的思维导图）：同学们，你们对第三小组的作品有什么看法？

生4（高举手臂）：我们组员一致认为这三个要素不是单纯的并列关系。

师：哦？那你们小组能给他们提供修改意见吗？

生5：他们基本上给出了作者思维内涵的基本要素，但是三个要素的逻辑关系不明确。

师：你说逻辑关系不明确，那哪些逻辑关系应该明确呢？

生5：文章中说"而世之奇伟、瑰怪，非常之观，常在于险远，而人之所罕至焉，故非有志者不能至也"，把"志"放在"力、物"的前面述说，而且后面还说到了"尽吾志也而不能至者，可以无悔矣"，很明显"至"在作者的心里是可以让自己感到"无悔"的存在。

师：有道理。

……

阅读文章并细看图3不难发现，第三小组对作者思维的展示存在一定的问题，"志、力、物"三者之间的逻辑关系不明确。在实际课堂上，第三小组的成员们在讨论中深受启发，多次呈沉思状。第三小组的一名成员最后走上讲台把白板上的图修改成了令人惊艳的电路状思维导图（图4），赢得了同学们的掌声。在此次还原思维的教学活动中，学生在辨析讨论的过程中打开了自己的思维，不断涌现的思维流量促使了还原思维创新之举的实现——"电路图"的生成。

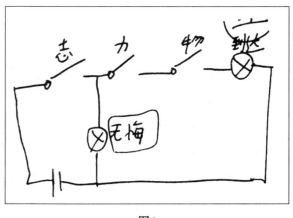

图4

三、还原思维，构筑人文课堂

笔者在探寻高中语文课堂的教学时，尝试构建人文课堂以提高课堂效率，促进学生高效学习。在《游褒禅山记》的教学实践中，学生对文言文不再持有枯燥乏味的固化观念。生动活泼且有深度的人文课堂让学生与文章碰撞出激情，让学生与作者"面对面"交流，从中感悟人生之道。人文课堂构建的过程是语文人格教育的过程，程红兵校长强调，这具有师生共同创造生命的意义。正如陶行知所说："生活即教育。先生不应该专教书，他的责任是教人做人。学生不应该专读书，他的责任是学习人生之道。"

在笔者进行的上述还原思维教学中，需要修正的错误都在课堂上借助集体智慧解决了，每一名学生都主动参与课堂，都切实感受到自己思维的被开发，形成个人的情感感悟。黄慧敏、林培斌认为，注重思维的交流可引发个人感悟的生成，继而打造一个精彩的新时代人文课堂。根据多年教学实践，笔者认为还原思维确实给人文课堂带来了创新因子，在思维可视化的过程中，积极有效的探讨能活跃思维，打破固化模式，催生学生的思维创新之花。

笔者在《游褒禅山记》的教学中，运用了语文课堂模型中的还原思维要素。实践表明，把还原思维以简笔画、思维导图等可视化的形式应用到文言文的教学中有助于活跃课堂气氛，激发学生的学习兴趣。在此氛围的影响下，学生与作者之间的"桥梁"搭起来了，学生主动从个人角度出发探讨文章情感内涵，有助于思维能力的培养以及人文课堂的构建。

参考文献

［1］程红兵.为一所理想的学校而来［M］.上海：华东师范大学出版社，2015.

［2］程红兵.听程红兵老师说课评课［M］.武汉：长江文艺出版社，2017.

［3］王荣生.文言文教学教什么［M］.上海：华东师范大学出版社，2014.

［4］魏开军.高中文言文教学"怎么教"的探究与实践［J］.现代语文（教学研究版），2014（7）：69–70.

［5］康存.文言文教学的"源头活水"——从《游褒禅山记》的教学谈文言文生活化教学趋向［J］.中学语文，2012（10）：23–24.

［6］胡虹丽.坚守与创新：百年中小学文言诗文教学研究［D］.长沙：湖南师范大学，2010.

［7］杨金锋.在还原思维中提高思维的品质——以《醉翁亭记》为例［J］.语文教学通讯·B刊，2016（11）：19–21.

［8］赫尔巴特.普通教育学［M］.北京：北京师范大学出版社，2010.

［9］程红兵.程红兵与语文人格教育［M］.北京：北京师范大学出版社，
　　 2006.

［10］黄惠敏.构建人文课堂，焕发语文魅力［J］.教育艺术，2016（3）：59.

［11］林培斌.构建人文课堂、促进有效学习的实践探微［J］.福建论坛
　　 （社科教育版），2011（10）：141-142.

点燃文言文课堂思维的火把

深圳市盐田区外国语学校　李少冰

一、研究背景：以思维广度为突破口的文言文教学

文言文教学一直是语文教学与考试的重难点，新的部编版语文教材中，文言诗词的比重也有所增加。文言文字词在理解上有古今差异，学生们阅读时总是障碍重重，教师若简单地进行翻译，不落实重点字词，则学生基础不牢，不利于考试和日后积累；若详细地逐句翻译，则易消磨学生的学习积极性，学生也容易对教师产生依赖，并使课堂冗长沉闷。况且现在种类繁多的翻译参考书可以很好地帮助学生自学，完全由教师牵着学的浅层教学方式没有太大意义。

文言课文涉及大量的历史事件与历史人物，需要学生具备一定的思辨能力，对事件和人物行为能够进行分析与评价。只有不断增加学习的深度和拓宽思维的广度，注重知识间的关联，才能满足学生的学习要求。而且，学生在九年级除了要完成学习任务，还要进行中考复习，时间非常紧迫，这要求教师必须想方设法地提高课堂的效率与容量，体现知识层次的递进，让学生不仅能巩固已学的知识，还能有进步。

二、研究理论：以思维流量为标准的语文课堂教学

"思维流量"这一概念的首创者是我国著名语文教学专家程红兵先生，他认为，课堂的本质是师生之间的即时性对话，语文课堂的本质是语文课上师生之间有关语文的即时性对话，对话的核心意义在于激活学生的思维，从而真正

提升学生的语文能力。评价语文课堂效果如何、价值如何，首要的标准就是思维，就是看课堂当中的思维流量到底如何，也就是学生在课堂上思考了多少有价值的问题，学生思维的梯度如何，学生思维的意义如何。

杜威说："不断改进教学方法唯一直接的途径，就是把学生置于必须思考、促进思考和考验思考的情境之中。"在他看来，如果没有思维，那就不可能产生有意义的经验。因此，学校必须为学生提供可以引起思维的经验的情境。

思维能力是语文核心素养中的重要部分，思维的培养是一个长期、系统的过程。

这些理论与研究给语文文言文课堂教学指明了方向：文言文教学，不仅需要教字词翻译，解读文中包含的人文底蕴，还需要教师创设能引起思维的问题与情境，充分调动学生的思维，教给学生思维的方式，提高语文课堂教学中的思维流量。

三、研究实践：以培养思维力为目标的课堂互动

1. 归纳思维

归纳推理是从认识研究个别事物到总结、概括一般性规律的推理过程。文言文基础知识中，常用的实词、虚词会反复出现，这需要学生落实并在课外阅读中进行知识迁移。对于文言字词，教师不能讲得少、讲得含糊，但也不能全盘皆讲，应该因材施"讲"：课文注解里有的、学过的、浅显的词语可以不讲，由学生译；一词多义、古今异义、难句的翻译可以交由学生讨论，合作翻译后再由教师明确，讲透讲准；多次出现的常用字词则需要用归纳的方式进行整合。

《唐雎不辱使命》中的"以"字出现频率很高，属于一词多义的典型例子，它主要有四种意思：①用（以大易小）；②凭借（而君以五十里之地存者）；③与"为"构成"以……为"，意为把……作为（以君为长者）；④因为（徒以有先生也）。笔者在讲授时，课堂上设计"巧编一词多义练习"的环节，让学生在课文里找出含"以"字的各种句子，按照用法和解释进行分类，编成一道一词多义的练习题考考其他同学。学生会希望考倒别人，这样归纳起来就特别起劲，记得也牢固，很快就扫清了本课的难字障碍，还掌握了一种学

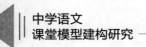

习文言文的思维方法——归纳。归纳思维可用于每篇文言文的结束阶段，归纳通假字、一词多义、词类活用、特殊句型等。

2. 多元思维

质疑、反思、批判是培养学生多元思维的有效途径。

笔者在讲《隆中对》这篇课文时，就进行了情境创设，以调动学生思维，让他们更快地进入文本：假设你们就是刘备的四位竞争对手——曹操、孙权、刘表、刘璋，请你分别用第一人称的口吻将自己的优势和劣势说出来。学生发言结束，投影归纳：

曹操：势力强大，不可争。

孙权：国险民附，不可图。

刘表：昏庸暗弱——荆州，用武之国，可夺之。

刘璋：昏庸暗弱——益州，天府之土，可夺之。

通过这种多元的角色假设，学生可以在解决翻译、感知内容的基础上，思考课文中几位主要人物的个性特点。这样的方式使得课堂容量增大，能留下更多的时间让学生去研讨其他问题。

在《隆中对》学习结束时，笔者设计了"谈古论英雄"的思维拓展环节，让学生与诸葛亮展开古今对话：你认为作者笔下的诸葛亮是一个什么样的人？假设诸葛亮就在你面前，你会对他说些什么？以"诸葛先生，我想对您说……"为题，进行小组讨论，选派代表发言。笔者在适当的时候抛出了以下问题，引导学生进行质疑、批判的思考：

（1）从隆中对策来看，诸葛亮是不是有惧强凌弱之嫌？

（2）诸葛亮自比于管仲、乐毅，他是不是有些自命清高、狂妄自大呢？

（3）刘备三请诸葛亮，诸葛亮才出山，说明他很高傲？

最后明确诸葛亮的人物形象：

诸葛亮人物分析：具有远见卓识、志向远大、沉稳谦虚、忧国忧民、淡泊名利。

通过充分讨论、辩论，学生心中建立的诸葛亮形象是丰满且立体的。

3. 对比思维

对比思维是通过对两种相近或相反事物的对比进行思维，寻找事物的异同及其本质与特性。对比阅读是近年中考的常见题型，它要求学生有横向比较的思维能力。

笔者讲《出师表》时是用对比思维分析人物形象的，将它和《邹忌讽齐王纳谏》进行对比，问学生：同样是劝谏君王，诸葛亮和邹忌的方式有什么不同？后面笔者引导学生通过背景对比、人物语言对比找到了答案：诸葛亮是直接劝谏、言辞恳切，体现了长辈对晚辈的殷切期待，老臣对国家的忠心耿耿；邹忌则是委婉劝谏、类比推理，体现了一个臣子的智慧与勇气。

笔者讲《送东阳马生序》时是用对比思维引入课文的，先带领学生齐背孟子《生于忧患，死于安乐》里的名句——"天将降大任于斯人也，必先苦其心志，劳其筋骨，饿其体肤，空乏其身，行拂乱其所为，所以动心忍性，曾益其所不能"，然后问学生："孟子讲的成才要经历的这些苦难，宋濂都遇到了吗？从哪儿能看出来？"学生在问题的激发下，走进文本寻找答案。

4. 迁移思维

迁移思维指思维起点、思维指向、思维标准、思维结果之间的跨越流动、变化。在分析文言文的写作手法时，可以结合现代文的写作手法进行迁移复习。

例如，《鱼我所欲也》这篇课文的教学重点之一是多种论证方法的同时使用。这时可以以课文为例，一起复习议论文的论证方法（比喻论证、对比论证、举例论证）的特点与作用。又如，讲授《曹刿论战》，可以让学生思考"为什么文章对战争过程几笔带过？""题目中的重点字眼是什么？"学生通过思考就会明白，写作应有详略安排，详写的内容是为中心服务的。学生平时写作最容易出现详略不当的问题，这时就可以一并复习，印象一定更加深刻。

点燃文言文课堂思维的火把，使其更具有深度和广度。发展思维能力是文言文阅读教学的本质，也是语文教学的本质，更是时代对教育提出的要求。

参考文献

［1］程红兵.基于思维流量的语文课堂模型群建构［J］.语文教学通讯·B刊，2016（2）：24–26.

第二章

诗歌类教学

初中古典诗歌教学中培养学生思维能力的方法

河源市江东新区源南学校　谢学辉

一、当前初中古典诗歌教学对学生思维能力培养存在的问题

美国全国教育协会在《美国教育的中心目的》一文中曾指出："强化并贯穿于所有教育的中心目的——教育的基本思路，就是要培养思维能力。"培养思维能力对学生的发展至关重要，因为这关系到人的可持续发展和全面发展。因此，与思维密切相关的语文教育应该在培养和发展学生思维能力上发挥重大作用。但是在现实的语文教学实践中，发展学生的思维能力并没有得到真正的重视和贯彻，这种现象，从初中古典诗歌教学活动中可见一斑。

二、初中古典诗歌教学中培养学生思维能力的方法

1. 通过鉴赏诗歌的思想感情，培养学生的自主思维能力

在古典诗歌教学活动中，教师不应大包大揽，不应在课前对知识点进行过多的预设，而应在做好必要的引导后，让学生自己主动了解作者、写作背景、文体知识等，独立理解课文，对于一些问题能够形成自己独立的思考。教师应该在课堂上真正以学生为中心展开交流，引导学生积累意象。古典诗歌中的意象往往是理解作者思想感情的关键，因此，了解意象的含意，对学生培养古典诗歌赏析能力具有至关重要的意义。例如，在古典诗歌中，"星"可寓意传恨，"月"可寓意思乡，"鸿雁"可借指书信，"柳"可寓意送别，"杨花"可寓意离散、漂泊，"折桂"比喻科举及第，"采薇"借指隐居生活，"梧桐"象征凄凉悲

伤，"水"可寓意多愁，"梅"可寓意不畏艰难，"兰"可寓意品德高洁，"竹"可寓意正直、虚心，"菊"可寓意隐逸生活，"燕然"可寓意建功立业，等等。

当学生对意象有了一定的积累，就会明白意象是诗人表情达意所依托的客观物象，从而理解诗歌里描摹的物态和所叙之事都是用来表情达意，为诗歌的主旨服务的，明白诗歌里景和情的关系是"一切景语皆情语"。教师再适时地加以点拨，学生就能通过积累的意象知识，学会再现意境的方法，找到感悟、理解诗歌的思想感情的突破口，在增强学习古典诗歌的兴趣、信心的同时，培养自主思维能力。

2. 通过探讨诗歌的人文精神，培养学生的逻辑思维能力

正如学生喜欢一个老师，更容易喜欢该老师的课一样，如果学生喜欢一个诗人，就更容易理解该诗人的诗。要让学生喜欢一个诗人，离不开对诗人人格魅力的挖掘，而要挖掘诗人的人格魅力，除了了解其生平，更重要的是对其诗中的人文精神进行探讨。优秀古典诗歌之所以能千古流传，是由于诗歌中闪耀着诗人的人格光辉。因此，在古典诗歌教学活动中，教师不妨引导学生对诗中的人文精神进行探讨，培养学生的逻辑思维能力。

例如，学习陶渊明的《归园田居》时，笔者跟学生探讨陶渊明到底该不该辞官归隐。

师：陶渊明说辞官是由于私人原因——"不为五斗米折腰"，他这样做究竟对不对？

生1：陶渊明作为一个地方官，难道不应该为当时的百姓着想而忍辱负重，向上司"折腰"一次吗？由此可见，陶渊明辞官是不对的。

生2：可是，既然陶渊明当官是代表了百姓，那他的上司也应该是代表百姓的。陶渊明如果为了地方百姓向上司"折腰"，岂不是代表百姓"折腰"吗？

经过一番探讨，学生们达成了共识，陶渊明和他的上司都代表百姓，同时他们自己也是百姓中的一员，所以不应该让陶渊明向其上司"折腰"，因为人是平等的。陶渊明之所以让后人佩服，原来是因为他在等级森严的封建时代都能够保持平等精神，这实属难得。由此，陶渊明在学生的心目中就不仅仅是个优秀的诗人，更是令人敬佩的"精神巨人"。通过探讨陶渊明诗歌中的人文精神，学生喜欢上了陶渊明，从而增强了学习他的其他诗歌的兴趣。而同样重要的是，学生通过探讨诗歌中的人文精神培养了逻辑思维能力，从而培养了理解古典诗歌的能力，为古典诗歌的学习扫除了一些障碍。

3. 通过学习诗歌的创作，培养学生的创新思维能力

初中学生的思维能力相比小学生更加成熟，在诗歌方面的积累也更多一些。初中古典诗歌教学如果还停留在背诵、默写阶段，学生会厌烦；如果还停留在赏析阶段，学生则会容易有一种雾里看花的感觉。古人几岁就可以开始写诗，那为什么我们现代的学生经过小学六年的学习，到了初中阶段还不能写诗呢？这是否因为我们的诗歌教学缺乏创新思维能力的培养？因此，教师不妨在古典诗歌的教学过程中，充分鼓励学生发挥自己的创新能力，动笔写出自己的诗歌。教师可以引导学生先从模仿开始，仿写五言绝句或七言绝句等短诗，从叙事、咏物、摹景等比较容易掌握的题材入手，然后引导学生将自己的诗作与古诗对比，进行修改。接着，教师鼓励学生自主学习诗歌中的押韵、对仗、平仄，以及意象的使用、意境的营造、情感的表达等。通过亲身创作，学生在对古典诗歌有了更深层次理解的同时，创新思维能力也得到了锻炼。

诚如帕斯卡尔所说："人是会思想的芦苇。"初中学生的思维能力正处于一个特殊的时期，他们的思维能力与小学阶段相比，开始从幼稚走向成熟；与成年人相比，更有可塑性。所以在开展初中古典诗歌教学的过程中，不妨大胆创新，充分培养学生的思维能力。当然，教师也必须在提高自身教学能力的同时，积极拓展自己的思维能力，这样才能在教学活动中运用多种方法，实现对学生思维能力的培养。

参考文献

[1] 刘朝锋，王晶. 教师如何开发学生的潜能 [M]. 长春：东北师范大学出版社，2010.

诗歌对比品析的课堂模型初探

——以《未选择的路》教学为例

深圳明德实验学校　左心彤

　　部编版语文教材七年级下册第五单元的第19课是两首外国诗，在看到《未选择的路》一诗时，我的内心有些小小的激动。这是我读书时代非常喜欢的一首诗，当时抄在摘抄本里反复背诵，经常玩味。可是教材内容从课下注释到课文翻译都和那时的不同，感觉教材更直白且欠缺美感。带着这种心情，我翻阅了英文原文并查阅了相关资料和论文，并在本年级S、A、B各层次学生中进行抽样调查，尝试完成新的诗歌翻译。通过调查，发现学生能力尚可且此文有可讲性，原本想上一节中英文整合课，带学生体会诗文语言的美感，但从七年级到九年级都没找到能帮忙的英语老师，最后权衡再三，我决定尝试自己一个人完成这节课。

一、聚焦行为

　　在课前，我把这首四节小诗打印出来，每小节分别做成卡片和签，并附上英文原文。鉴于两个班级英语水平的不同，我让七（4）班每个小组合作翻译一遍全诗，七（3）班每两个小组一起翻译。学生以抽签的方式得到自己翻译的部分，在小组讨论时可以互帮互助，规定时间为10分钟，最后以小组为单位进行翻译后的诗文接力朗诵，同时，我在黑板上板书出计分表。这个部分，两个班的课堂表现都很好。当我说了几句英语，并表示带大家玩翻译游戏时，学生的兴趣和积极性都被调动起来。在小组翻译的过程中，有几个学生急着向我求助个别字词的翻译问题，小组讨论的氛围很好。最后七（4）班至少有三个小组的翻译有美感，给了我很大的惊喜。再看整体情况，第一、二小节的翻译问题不大。第三小节的语言处理，一是诗句的语法结构有其特殊性，二是诗文的意思本可以有不同组合，个别小组翻译得有些生硬，其余小组则各有各的特色。通过带领学生回归原文，我为接下来的深入教学做好了铺垫。此部分翻译加六个小组的朗诵分享共耗时20～25分钟。

二、还原变异

当学生们争执各小组诗文翻译的优劣时，我对优秀的处理给予肯定，如"小路幽深凄凉""荒无人烟"的翻译，然后让学生们打开课本看第115页，学生们这才恍然大悟，自己翻译的原来是课本上的诗文。对照课文，大家可以对比出自己翻译的优劣。之后，我让大家齐读课文，然后把我找到的另一个翻译版本的复印件发给大家。两个版本对比如下：

《林中的两条路》（补充）

Robert Frost

森林叶黄，林中岔路各奔一方，

我一人独行，无限惆怅，

不能把两条路同时造访，

良久伫立，我朝第一条路眺望，

路转处唯见林森草长。

我再把另一条路探望，

一样美丽，一样坦荡，

但或许更令人向往；

虽然两条路都曾有行人过往，

但这条路芳草萋萋，更少人踏荒。

那天早晨落叶满道上，

落叶上尚无脚踩的伤痕，
啊，且将第一条路留待他日寻访！
明知道路穷处又是路，
重返此地怕是痴想。

那以后岁月流逝，日久天长，
有一天长叹一声我要诉讲：
林中两条岔路彷徨，
我选择了行人更少的一条路，
人和人从此两样。

《未选择的路》（课文）

Robert Frost

黄色的树林里分出两条路，
可惜我不能同时去涉足，
我在那路口久久伫立，
我向着一条路极目望去，
直到它消失在丛林深处。

但我却选了另外一条路，
它荒草萋萋，十分幽寂，
显得更诱人，更美丽；
虽然在这条小路上，
很少留下旅人的足迹。

那天清晨落叶满地，
两条路都未经脚印污染。
啊，留下一条路等改日再见！
但我知道路径延绵无尽头，

恐怕我难以再回返。

也许多少年后在某个地方，
我将轻声叹息将往事回顾：
一片树林里分出两条路——
而我选了人迹更少的一条，
从此决定了我一生的道路。

三、还原思维

现在，学生拿到了两个版本的翻译，再加上英文原文和自己的翻译，我邀请他们谈谈更喜欢哪个版本，为什么。平时小组加分机制和课堂活动让学生已经很习惯并积极参与课堂讨论和发言。这时有学生说，喜欢补充版本，因为更有意境；有学生说补充版本情感更浓烈，仿佛一个历经沧桑的老者，用深邃的目光看向远方时缓缓道出的一首诗；也有学生说补充版本的韵律更强，韵脚更明显。另一部分学生说喜欢课文版本，因为更忠实于英文原文，如补充版本的第二句中的"一个人独行"，在英文原文中并没有体现；也有学生说课文版本更简洁，直白易懂；还有学生说，从主题上看，课文版本对"选择"这个主题体现得更直接。我用一条直线把黑板分成两个版面，把学生们的理由一一对应着分列在两边，直观地呈现大家的不同观点。在提及主题时，我让学生们对比两个版本题目翻译的不同，带领大家讨论：原来"林中的两条路"不仅体现选择，通过"独行""长叹"，对没选择的路的遗憾和怀念之情更加明显，两重主题都有体现；"未选择的路"更侧重于表达不随波逐流、面对选择要审慎思考、坚持选择的主题。在学生提到感情时，我补充了诗人罗伯特·弗罗斯特当时的处境，三十八岁的他，面对去师范大学当老师的稳定生活和独自写诗的不可预见的未来，他选择了后者。还原背景让学生们更深刻地体会到了主题。

还有学生说两者各有优劣，其中最让我印象深刻的是七（3）班李佳璐同学的回答，她说课文版本的翻译感觉更偏向理性，补充版本的翻译更偏向感性，理由有三点：一是课文版本的翻译更简单而忠实于原文，补充版本则更有语言的美感；二是尽管大部分人更喜欢补充版本，但最终教材选定了课文版本，因为它更准确，与英文原文一一对应，更客观准确；三是从主题表达上来说，课文版本能更清晰地启发我们对人生之路的思考，对"选择"的感慨，更符合教育想传达的主题，补充版本通过语言的意境美，更多地让人思考路的不同和选择的多种心理。此番回答后，全班同学自发地给予了热烈的掌声。

上完这节课，我感触颇深。通过"聚焦行为—还原变异—还原思维"的课堂模型，我给予学生材料，大胆地交给学生去分析，学生的思维表现超过了我预期的高度，整节课我甚至不需要刻意提及诗文的主题和象征手法的运用，学生们自己就分析得深入且到位。学生自发拓展了课堂教学的广度和深度，也让我真正感受到了《礼记·学记》所说的"教然后知困。知不足，然后能自反也；知困，然后能自强也。故曰：教学相长也"。学生很多时候也是我的老师，从他们的提问中，我常常学习到很多。在新一轮部编版教材的教学中，我越来越自然地在课堂中运用明德课堂模型。平心而论，学无止境，但明德课堂模型更清晰地指明了师生"学"的方向。

通过还原变异培育学生文化的基因

——以《大唐气象》为例

深圳市龙华区外国语学校　杨金锋

　　"盛唐气象"是《中国文化原典阅读》中一个重要的文化现象和美学现象。盛唐气象这一美学范畴是南宋的严羽在《沧浪诗话》中提出来的。在《沧浪诗话》中，严羽从不同角度谈论盛唐气象："唐人与本朝人诗，未论工拙，直是气象不同""盛唐诸公之诗，如颜鲁公书，既笔力雄壮，又气象浑厚""本朝人尚理，唐人尚意兴""汉魏古诗，气象混沌，难以句摘""建安之作，全在气象，不可寻枝摘叶""虽谢康乐拟邺中诸子之诗，亦气象不类"。按严羽的本意，盛唐气象有两个基本特征：一是雄壮；二是浑厚。用"气象"来概括一个时代的诗歌风貌，显然是从两个方面着眼的：时代的和文学的。因此，用"气象浑厚"来概括盛唐诗歌的美学风貌，是指诗歌意象天然、浑成，诗味醇厚而不浅陋，境界雄浑壮阔。从创作主体的胸襟抱负上讲，盛唐诸公襟怀开阔而不狭隘，再辅之以"笔力雄壮"，使得盛唐诗歌立意高远，诗人的审美追求充满了一种内在的张力。雄壮与浑厚相融合，构成盛唐诗歌雄浑壮阔的时代风貌。林庚先生认为："盛唐气象所指的是诗歌中蓬勃的气象，这蓬勃不只代表它发展的盛况，更重要的乃是一种蓬勃的思想所形成的性格。这种时代性格是不能离开了那个时代而存在的。盛唐气象，因此是盛唐时代精神面貌的反映。"又说："蓬勃的朝气，青春的旋律，这就是'盛唐气象'与'盛唐之音'的本质。"还说："盛唐气象最突出的特点就是朝气蓬勃。"

　　这一特有的美学和文学现象怎样深入浅出地让八年级的学生理解，是需要仔细考量的。余秋雨说："站在唐朝中心地位的，不是帝王，不是贵妃，不是将军，而是诗人。"而盛唐的诗人成就之高，数量之多，诗歌样式之多变，令人叹为观止，但对于教师教学来说，这确实是一个难点，即如何选择、选择什么，能够让八年级的学生对"盛唐气象"有比较深层次的感受和理解，提高学生的欣赏水平和审美能力，进而培育学生的文化基因。笔者以边塞诗的群文阅读为突破点，以点带面，以还原变异为课堂模型建构的核心要素，进行了一次大胆的尝试，下面展开详细阐释。

"群文阅读"的概念最早是由台湾的赵镜中先生提出的，语文教学名师蒋军晶从教学实践出发对"群文"这一概念做了进一步解说，西南大学于泽元教授等则对"群文阅读"这一概念进行了更为科学、理性的界定。他认为："群文阅读是师生围绕着一个或多个议题选择一组文章，而后师生围绕议题进行阅读和集体建构，最终达成共识的过程。群文阅读最显著的外在特征在于，由单一文本向多文本转变，这一外在特征的转变带来了深刻的理念变革，诸如：学习的内容由封闭走向开放，更具有可议论性和开放性；学习的过程由单向输入转变为共同参与，师生形成了真正的学习共同体；对知识的认识实现了一元与多元的辩证，达成对知识的共同认可。"毫无疑问，群文阅读是对传统阅读课堂中的"单篇精读教学"的一个极大冲击。

在《大唐气象》的教学设计上，笔者以边塞诗为主题，分别选择了王昌龄的《从军行（其三）》、王维的《使至塞上》、李贺的《雁门太守行》、范仲淹的《渔家傲》（塞下秋来风景异）这四首诗词构成一组群文阅读。白居易说："文章合为时而著，歌诗合为事而作。"作为表情达意和抒写志向的载体，诗歌是个人的情感情绪的体现，是时代的缩影。不同时代，同一类诗歌所反映的情感、展示的风格是不一样的。同一时代，不同阶段所展现的情感、展示的风格也不一样，所谓"韩如海，柳如泉，欧如澜，苏如潮"，当如是也。因此，为了让学生对大唐气象有比较深入的理解，笔者选取盛唐诗两首、晚唐诗一首、宋朝词一首，兼顾了群文阅读的多样性。

在理论的指导上，笔者之所以选择这四首古诗词，是基于瑞典哥德堡大学教育系教授马飞龙（Marton）的变异理论。变异理论的基本观点是：为了认识某个事物，就必须注意到这个事物与其他事物之间的不同；为了注意这个事物与其他事物在某个属性上的不同，这个属性就必须在某个维度上发生变化，如审辨事物的颜色属性，认识"颜色"概念，要看到红色、绿色或蓝色等至少两个值的变化。

王昌龄的边塞诗《从军行（其三）》在内容和风格上是激昂雄浑的，王维的《使至塞上》就是一个相近的例子，李贺的《雁门太守行》在风格上是一个相反的例子，而范仲淹的《渔家傲》在内容上是一个相反的例子。在教学设计上，笔者设置了一个主问题：请仔细阅读下面四首边塞诗词，说一说它们在风格和审美上有什么不同。请看教学实录片段：

生1：我觉得第一首诗非常有气势，诗人非常自信。

师：从哪些地方可以看出来？

生1："不破楼兰终不还"，虽然镇守边塞很苦，但将士有一种必胜的信心和豪情。

生2：第二首诗给人的感觉是雄浑壮阔，从"大漠孤烟直，长河落日圆"可以看出。

师：能具体阐释一下吗？

生2：我觉得这两句有很强的画面感。首先，有一种层次美，而且很壮观。天边的落日、空中的烽烟、地下的河流按照由上至下的顺序进行描写；近处的烽烟、远处的夕阳、绵延无边的大漠按照由近及远的顺序进行描写。其次，还有线条美和色彩美。一望无际的大漠上，纵的是烟，横的是河，圆的是落日，大漠黄沙漫漫，黄昏橘红色的夕阳，波澜不惊的闪着白光的河水，一缕直上高空的白色烽烟，给人以雄浑寥廓之感。

师：非常好，你有艺术家的眼光。谁来分析一下第三首、第四首诗词？

生3：我觉得李贺的诗给我的感觉很压抑，这种压抑来自战争气氛的紧张，特别是作者运用荆轲刺秦王的故事让人觉得非常悲壮、惨烈。而范仲淹的这首词我感觉到的是一种凄凉和孤独。你看，"羌管悠悠霜满地，人不寐，将军白发征夫泪"，多么孤独，打了一辈子仗，头发都白了，晚上还睡不着觉。

师：同样是镇守边塞，盛唐的将士和宋朝的将士精神状态有什么不一样？

生4：唐朝将士我觉得有浩气，是主动的；而我们联系历史不难发现，宋朝国力衰弱，很多将士都是被动的，内心有怨气。

师：你从哪里看出来的？

生4：唐朝士兵是"不破楼兰终不还"，而宋朝的士兵是"燕然未勒归无计"，功业未成，回家无望，只能借酒浇愁，所以在风格上是凄凉和悲惨的。

……

阿基米德说："给我一个支点，我可以撬动地球。"同样，给学生一个支点，他们也可以做得到。笔者运用变异理论，提供不同的边塞诗，让学生进行比较辨析，之后，笔者进行小结，再提供古代先哲严羽和当代专家林庚先生、袁行霈先生对盛唐气象的理解。这样，学生就能感受到盛唐边塞诗的雄浑厚重、波澜壮阔，而这个风格的背后体现的是盛唐人的精神状态。这一点，不仅可以在课堂上感受得到，从学生的作业中也可窥见一斑，如李家睿同学心目中的盛唐气象是这样的：

盛唐，京城一派辉煌。朝局稳定，国泰民安。百姓丰衣足食，往来种作，文人雅士饮酒作诗，赞颂当朝皇帝的大好江山。

唯边境不平。

国界，身后群山连绵，眼前大漠无际，上有长河蜿蜒。夕日欲颓，直射满身金鳞，人影顾长。

少时，烽火狼烟直直升起。

一声令下，马踏河山，踏碎那一抹残阳。号鼓连起，响彻云霄，久久回荡。勒马、刺剑、呐喊，鳞片相互击打的声音格外响亮，披风猎猎作响，军旗随风飘扬。

昼夜更替，血染黄沙，历经百战，但军心依旧不减，军旗依旧不倒，军鼓依旧不停。战士依旧呐喊，拼尽全力厮杀，面容无一丝倦意，直奔敌军心腹。

条件艰苦，仍坚持作战；血染黄沙，仍手执利剑；历经百战，仍毫无疲惫，奋勇直前。

城内国民安康，边境大漠雄浑辽阔，无一人不请缨上前线，无一人不愿舍命保家卫国。

纵使敌军来势汹汹，也不会放弃手中的剑，松开手中的缰绳；纵使剑穿金甲，也不会放过眼前的敌人。

因为心中有一个共同的信念，所以军心屹立不倒，军鼓响彻云霄。保家卫国，这四个字在心中燃烧。

雄浑辽阔，就是我心中蓬勃的盛唐。

张季歌同学心目中的盛唐气象是这样的：

盛唐的文学著作反映出鲜明的时代特征。直到如今再次翻阅，仍可以从中看出当时的辉煌。"黄沙百战穿金甲，不破楼兰终不还。""大漠孤烟直，长河落日圆。"一首首意境豪迈的边塞诗，掩不住诗人心怀远志、心胸开阔的高尚气节，直读得人热血沸腾，仿佛自己也身临其境，在战场上与战士们共同奔跑，为国效力；又或是独守一片荒漠，望着夕阳坠入天际……

然而，雄浑背后，又是怎样的辛酸与无奈。盛唐之时，国家繁荣，社会安康，却时常遭受吐蕃和突厥的攻打骚扰，边塞地区一片动荡。为了守护疆域，保卫国家，战士们出征边塞，久经沙场，内心充满了对家乡的思念。但是，对比晚唐和北宋时期的边塞诗，盛唐的诗显得气势十足，"黑云压城城欲摧，甲光向日金鳞开"；而北宋时期的"羌管悠悠霜满地，人不寐，将军白发征夫泪"则明显少了许多雄浑豪迈，多了几分哀愁，几分不满与无奈。相比之下，盛唐的边塞诗是那样豪放，那样气势磅礴。

盛唐，是一个繁荣的社会。而盛唐气象，则是一种朝气蓬勃、昂扬向上的气概。

马洛恒同学心中的盛唐气象是这样的：

盛唐气象既是诗人们的精神面貌，也是一种时代及文学的特征。"诗止于唐"，唐诗，尤其是把唐朝之音演奏至最高潮的盛唐之诗，都"前无古人，后无来者"。纵观世界诗歌文学，有哪一个时期、哪一个世纪的诗歌能与盛唐之诗媲美？文学的强盛也是这个时代的缩影——唐王朝的文化光辉不仅照耀着华夏大地，还照亮了王朝的近邻，沿着丝绸之路，给西亚文明带去了温暖光辉，也向处于混乱的中世纪的欧洲展现了强盛与秩序……

十多个世纪过去了，唐朝的强盛、繁荣早已随着历史的长河而消逝。但不可否认的是，盛唐文学气象却从未消散，而是熏陶着一代又一代的炎黄子孙，为世界各地所传颂、所赞叹，令人回味——那人类历史上前所未有的文明之邦……

唐沐帆同学甚至还对盛唐气象进行了质疑：

当那些"代表"唐朝的诗人们在远离战乱的地方过着"盛世"时，殊不知这难得的"盛世"是用一名名边疆战士的尸体堆出来的，是被那无数为国捐躯的无名小卒的鲜血染出来的！

一条条鲜活的人命，却只能换来短暂的"盛世"，这不禁使我们思考，"盛唐"真的"盛"吗？

……

看着这些文字，笔者不敢说学生完全理解了什么是盛唐气象，但他们对盛唐气象已经有了直观的感受，有的学生还对这一独特的审美现象进行了反思、质疑。这不就是我们想要达到的目的吗？

参考文献

［1］于泽元，王雁玲，黄利梅.群文阅读：从形式变化到理念变革［J］.中国教育学刊，2013（6）：62-66.

还原背景，让思维之花怒放

——以《归园田居（其一）》为例

深圳明德实验学校　帅先慧

　　在语文教学课堂模型的建构过程中，要让学生的理解不浮于表面，让学生的理解迁移，实现深度理解，少不了还原背景。还原背景即为了便于学生理解文章的主旨，体会作者的情感，有意识地引入历史背景、当时情境、背景故事，还原作者所处的历史背景、情境。例如，要理解《荆轲刺秦王》，就必须了解其历史背景和文化背景——"侠文化"；要读懂《鸿门宴》中的项羽，就必须了解其出身、其立下的战功和古代宴席座次尊卑等。

　　请看笔者执教的课例《归园田居（其一）》：

　　师：题目是"归园田居"，诗人从何处归？用原文回答。

　　生："尘网""樊笼"。

　　师："尘网""樊笼"具体指什么？

　　生：官场。

　　师：身在官场的诗人有怎样的感受？诗中如何说？

　　生1：不自由。官场像"尘网""樊笼"，自己像"笼中鸟""池中鱼"。

　　生2：悔恨。"误落"，走错道了，选择错了，悔恨之情溢于言表。

　　生3：厌恶。"久"，长久地，长达十三年，感慨时间之久，表达厌恶之深。

　　师：大家能否举具体的例子来说明诗人在官场的不自由？

　　生：不为五斗米折腰的故事。

　　师：有没有同学给大家说说这个故事？

生只知大概。

师：公元405年秋，陶渊明出任彭泽县令，到任八十一天，碰到浔阳郡派遣督邮（太守的下属，代表太守巡视辖县，位轻权重）来检查公务。浔阳郡的督邮刘云，以凶狠、贪婪远近闻名，每年两次以巡视为名向辖县索要贿赂（不给便栽赃陷害），每次必是满载而归。县吏说："当束带迎之。"就是应当穿戴整齐、恭恭敬敬地去迎接督邮。陶渊明叹道："我岂能为五斗米向乡里小儿折腰。"说完，解印而去，辞官归乡。

师：陶渊明是怎样的人？适不适应官场？诗中怎么说？

生：有气节，有操守，清高，不愿折腰事人、仰人鼻息。不适应，诗中说"少无适俗韵"。

师：这句诗是什么意思？

生：少年时就没有迎合世俗的本性。（课下有注释）

师：对，这位同学读书很仔细，关注到了课下注释。官场需要迎合世俗，而陶渊明骨子里就不是一个"适俗"人（迎合世俗的人），所以身处官场的他不自由，更多的是内心的不自由。既然内心如此不自由，陶渊明又为何会多次误落尘网呢？

（屏显）

陶渊明的为官经历：

二十九至四十二岁，五次出仕。

首次出任江州祭酒，不久回家在家闲居五六年。

第二次入桓玄幕。

第三次出任刘裕参军。

第四次出任刘敬宣参军。

第五次出任彭泽县令，在任八十余天，自解印绶，归隐田园直至老死。

补充：江州祭酒，属要职，是陶渊明做的最大的官。

生：因为家里穷。

师：这是原因之一，那还有没有别的原因？老师提示一下，古代很多读书人都以出仕作为毕生追求。

生：我知道了，是受儒家"大济苍生，兼济天下"思想的影响。

师：非常好！面对官场"内心不自由"的困境，陶渊明最终做出了怎样的选择？诗中是如何说的？

生："守拙归园田"。

师：是守住愚拙吗？

生1：是的，因为陶渊明在官场笨笨的、不圆滑。

生2：这里可能是陶渊明的自嘲，是守住不随波逐流、固守节操的本心，遵从本心。

师：真是见仁见智。是，又不是，"拙"是"适俗"人（迎合世俗的人）眼中的愚拙，却又不是真正的愚拙，而是陶渊明的人格和操守。

生连连点头。

师：官场污浊，内心不自由，"方宅十余亩……"的田园寻常景却那么美，所以诗人在结尾才有了肺腑之言"久在樊笼里，复得返自然"，大家如何理解这里的"自然"？

生1：田园、大自然。

生2：我觉得还指陶渊明的内心。

师：对，这里的"自然"不单指陶渊明回归的大自然，更指面对人生困境时所归向的精神家园，所拥有的一种自然的状态——心灵的自由、精神的独立。这种心灵的自由、精神的独立在《归园田居》组诗的其他诗篇中也有所体现，如：

（屏显）

归园田居（其三）

种豆南山下，草盛豆苗稀。

晨兴理荒秽，带月荷锄归。

道狭草木长，夕露沾我衣。

衣沾不足惜，但使愿无违。

师：我们再回过头来看陶渊明的取舍，就个人而言，他的取舍是对精神家园的执着追求，是对心灵自由的热切渴望；就社会而言，他的取舍实际饱含了浓厚的时代色彩，是儒道互补的结果。他选择出仕为官，是受儒家"大济苍生，兼济天下"思想的影响；他选择回归田园，又多了些道家思想的影子，当仕途受挫，无力改变现实时，不如淡泊名利，返璞归真。

生陷入深思。

师：陶渊明是中国文学史上一颗璀璨的明珠，因为他的取舍，他开创了一代田园诗风，为古典诗歌开辟出一个新的境界。他归隐田园之举影响了无数后世人，很多后世人在面对人生困境时和陶渊明有着同样的选择，那就是寻求自己的精神家园，返璞归真。你能举出这样的例子吗？

生1：唐代孟浩然应举落第后，高吟"不才明主弃，多病故人疏"，放弃仕途而走向山水。

生2：还有宋代林逋厌倦污浊官场，最终隐于西湖之畔，梅妻鹤子，卓然不群。

生3：还有清代沈复只是随心生活，记录日常生活琐碎及浪游各地的所见所闻，便写成了《浮生六记》。

生4：近代也有这样的例子，近代李叔同舍下尘缘，斩尽俗丝，遁入空门成为弘一法师，无怨无悔地从心而行。

师：看来大家是真正懂得了陶渊明，才举出了这么多位和陶渊明有着同样选择的名人。取舍的背后藏着深意，陶渊明真无愧为"百世田园之主、千古隐逸之宗"。

这一课例，笔者有意识地还原了陶渊明"不为五斗米折腰"的故事背景，"不为五斗米折腰"七个字经常被人们（包括学生）挂在嘴边，但真正能将故事的来龙去脉讲清楚的很少，因此这一还原很有必要。这一还原既能增强课堂的趣味性，激发学生的学习兴趣，又能让学生初步感知作者不愿折腰事人、仰人鼻息的气节与操守，从而理解诗中所说的"少无适俗韵，性本爱丘山"的含义，更能让学生深刻地理解作者身处"尘网""樊笼"的不自由，深刻地理解作者作为"羁鸟""池鱼"的痛苦，深刻地理解作者"误落尘网中，一去三十年"的悔恨与厌恶，让学生一步步走进作者的内心，触摸作者的心灵，感受作者的人格，和作者真正对话。以还原故事背景来促进学生的深度理解，避免了标签式的教学，这无疑是生动的、饱满的、具体可感的、科学有效的。

如果说课例设计的第一个层次是识人明"尘网"，那么第二个层次就是取舍辨"深意"。在第二个环节中，笔者有意识地还原了陶渊明从二十九岁至四十二岁这十三年间五次出仕的为官经历。若无此还原，学生从诗歌中只能知晓作者由官场归向了田园，却不知回归田园是作者五次出仕、五次挣扎后的最终选择，取舍的背后是儒道的较量，亦是儒道的互补。

课例中，笔者两处有意识、有层次的背景还原，是增强趣味、激发学生兴趣的过程，是激活学生思维、促进深度理解的过程，是由文本到文人再到文化的过程。在杜威看来，好的教学必须能唤起思维。无思维不课堂，还原背景，让思维之花怒放。

第三章

散文类教学

通过还原背景搭建学生思维的台阶

——以朱自清的《背影》为例

深圳市龙华区外国语学校　杨金锋

2014年10月，四川师范大学李华平教授在《语文教学通讯》发表了一篇名为《迷失在学科丛林的语文课——兼评韩军〈背影〉教学课例》的文章，批评某著名特级教师对朱自清的《背影》进行过度解读而偏离语文教学的正道，随后很多专家、学者和一线教师纷纷撰文呼应。某特级教师随后也发表《〈背影〉课七说》进行回应，但该文立即遭到潘璋荣老师《"七说"何以"七错"》的逐条反驳。随后，很多杂志、网站甚至QQ群都加入其中，直至今天，争论还在持续。而这场争论的实质是探讨阅读教学的文本解读问题，终极指向的是"教什么"的问题。

从根本上讲，课堂教学就是"教什么""怎么教"和"教得怎么样"的问题，而"教什么"即教学目标，它直接决定着"怎么教"和"教得怎么样"。因此，课堂阅读教学的基础和前提是教学目标的确定。朱自清的《背影》写于1925年，九十余年过后，在认识上出现了两个极端：一个是学生的，他们觉得父亲买橘子这种小事没有什么值得感动的，而且父亲还偷爬月台，违反交通规则；一个是教师的，他们借助各种阅读的方法，深挖文本的价值，确有其独特见解，但偏离常规的散文教学。于是，一个无法回避的问题就摆在一线教师面前，散文教学到底教什么？作为经典的散文代表——《背影》这篇散文我们应该教什么？

王荣生教授说："散文阅读教学，是建立学生的已有经验与'这一篇'散文所传达的作者独特经验的联结，学生所面临的学习任务，是理解、感受'这一篇'中与独特认知、情感融于一体的语句章法、语文知识。"现在的学生不能走进朱自清的《背影》，根源在哪里？在我们教师，在于我们没有为学生搭建与朱自清《背影》中独特情感经验的联结，甚至还在于我们在教学目标的设定上就是错误的。仔细阅读《背影》我们不难发现，作者在写这篇文章时，是两种视角交织的：一种是故事发生时的视角，即1917年；另一种是写作时的视角，即1925年。例如，文章第五段中的"唉，我现在想想，那时真是太聪明了！"这融入了写作时的视角以及写作时的感受。换句话说，作者在这篇散文中表达的情感是复杂而深沉的，有隐忍、落寞、悲凉、痛苦，更有深深的反思和自责。因此，在教学《背影》时，教学目标的确定就显得尤为重要，而教学目标的确定和解读关系十分密切。在《背影》的解读过程中，很多教师都把"感悟父子深情"作为一个重点来解读，但如果到此为止，解读是很肤浅的，《背影》和其他写父爱的文章就没有什么区别了。于是，有些教师又把"学习抓住背影这一感情聚焦点，展示人物心灵的写作技法和品味朴实的语言风格"作为教学目标。笔者以为，这仍然没有体会到文本的深刻内涵。要深刻解读《背影》这个文本，有一个问题必须解决：怎么使初中生和文本产生情感的共鸣？有教师提出，应"把父爱放在一个儿子情感成长的背景下去表达"，但这说得还不太透彻。我们细读文本发现，在文中所叙述的"奔丧回家—浦口分别—看父买橘—父子分别—看信忆父"这五个事件中，作者对父亲的所作所为在情感或态度上是不一样的，经历了"隔膜—感动—自责—忏悔"的过程。隔膜主要表现在不耐烦、不屑，而感动则分为两个阶段：第一个阶段是感动但不愿表达，流泪赶紧擦干；第二个阶段是彻底感动，坐上车任泪水肆意地流。实际上这篇文章的共鸣点在于带有隔膜的爱被打破的感动。而作为读者，我们不仅感动于父爱的执着、平凡、伟大、深沉，还在阅读过程中，潜意识里认同了作者的"悔"，并从作者身上看到了自己，照见了自己日常生活中对父母的种种"不敬"和"不孝"。因此，体悟父子之间这种带有隔膜的爱以及"我"的忏悔之情应该成为《背影》的首要教学目标。

细读文本我们不难发现，这种带有隔膜的爱在文中虽然有所隐藏，却无处不在，它以情节的不合理或矛盾的形式呈现出来，如：

矛盾一："我"为何与父亲不相见已经两年有余了？父亲还活着，"我"为什么不去相见？

矛盾二：其实"我"那年已经二十岁，北京已来往过两三次，为什么父亲还要如此费尽心思地安排"我"的行程，甚至还亲自送"我"？

矛盾三：前面说"我那时真是聪明过分，总觉得他说话不大漂亮"，后面又说"唉，我现在想想，那时真是太聪明了！""我"到底聪明不聪明？

矛盾四：信上说"我身体平安，唯膀子疼痛厉害，举箸提笔，诸多不便，大约大去之期不远矣"。身体平安、疼痛厉害和大去之期不远讲不通，父亲这样写的目的是什么？

矛盾五：既然读到父亲的信，"我"心存感动和忏悔，为何又感叹"我不知何时再能与他相见"？直接去拜见父亲不行吗？

父亲和"我"为什么有隔膜？这种隔膜产生的原因是什么？这两个问题不解决就不能让学生走进《背影》的深处，就不能让学生理解这种深沉的父爱以及作者复杂的情感。笔者以为，要解决这个问题必须还原背景，还原当时、当事的背景，把学生放入情境中去思考问题，铺就学生思维的台阶。为此，笔者还原了如下材料：

1915年，朱自清父亲包办朱自清婚姻，父子生隙。

1916年，朱自清上北大后自作主张改"朱自华"为"朱自清"，父亲很生气。

1917年，父亲在徐州纳妾，老家宝应的潘姓姨太太得知此事后到徐州打闹，上司怪罪，父亲差事交卸。父亲失业后，家庭经济陷入困顿，朱自清二弟几乎失学，祖母不堪承受此种变故去世。朱自清与父亲回家奔丧，后朱自清返校，父亲去南京谋职，父子于浦口车站分手，《背影》故事发生在此时。

1921年，朱自清毕业参加工作，父亲为了缓解家庭经济的紧张私自扣留了他在扬州八中的工资。父子间发生激烈冲突，朱自清离家出走。

1922年，朱自清带儿子回家，父亲不准他们进门，朱自清只能怅然离开。

1922年，朱自清再次回家，父亲不予理睬。父子间开始长达多年的冷战。

1925年，朱自清父亲写信给儿子："大约大去之期不远矣。"朱自清在泪水中完成了《背影》。

1928年，朱自清父亲读到《背影》。父子冷战结束。

1945年，朱自清父亲去世。

当这些背景材料还原之后，一切豁然开朗，矛盾一和矛盾五迎刃而解，笔者则将重点放在对矛盾三和矛盾四的品析上。这样，学生了解了背景，才能理解"我"为什么一开始对父亲的爱不领情，才能明白"我"感动流泪后为何怕父亲看见，才能品味出这份沉重的爱、复杂的爱、带有隔阂的爱以及"我"在明白父亲的良苦用心之后的深深愧疚。借助还原背景，学生才和作者独特的经验紧紧地联结在一起，思维的台阶才逐渐建立，学生才能品味出《背影》成为经典的深层原因和文化内涵。正如一位学生在学完《背影》后所写的那样：

今天，我阅读了朱自清的《背影》。在惊异于这复杂情感的同时，我也陷入了深深的反思。朱自清在文中自嘲太过"聪明"，"聪明"到无法理解父亲的关怀，感受不到父亲的爱。我又何尝不是如此呢？我，真的长大了，真的懂事了吗？我又有多少次，嫌父母瞎操心，嫌他们唠叨，嫌他们做事多此一举？

回顾往事，夜色中不敢独自前行时，是父亲的背影在前方引着路，给予我前行的勇气。同样的背影，同样的触动。也许当我真正踏上人生的旅途，望着父母逐渐远去的背影时，我才能体会到朱自清的惆怅、不舍和忏悔之情。

读完文章，我终于意识到自己先前的想法和举动是多么可笑。现在，我只求时间能流逝得慢一些，让那高大而沉稳的背影能再陪伴我久一些。同样的背影，同样的惆怅。或许我永远也无法知道，那背影之下，蕴藏着多少对子女的爱。

有学生这样写道：

这几年来，父母连续生过几场病，这是从前所没有的事。有一次母亲感冒，甚至咳出了血丝都不肯承认自己生病了。我突然明白，不只是我们依赖父母，父母也需要我们的陪伴，有时，他们比我们更像孩子，需要我们去关心他们。就像朱自清的父亲一样，也许我父母在晚年孤单时，也会写一句"大约大去之期不远矣"寄给离家千里的我吧。

现在的我和当年的朱自清一样，看着父母的背影倔强地暗自揩泪，但希望以后的我，能陪伴父母老去的步伐，让他们的背影不再那么孤单。

还有学生这样写道：

朱自清的文笔看似平淡，却蕴含着刻骨铭心的情感。他笔下蕴藏的伤感与

中学语文
课堂模型建构研究

怀恋，正是一个儿子对父亲的愧疚和真切的爱。

在还原背景、品析矛盾后，看着这些文字，我们不敢说学生完全理解了朱自清的内心世界，但他们的思维打开了，他们至少走进了这篇文章，获得了自己的阅读体验，这种体验既有共性的情感，也有自己独特的感受。正如新课标所言："欣赏文学作品，能有自己的情感体验，初步领悟作品的内涵，从中获得对自然、社会、人生的有益启示。对作品的思想感情倾向，能联系文化背景做出自己的评价；对作品中感人的情境和形象，能说出自己的体验。"

还原一段背景故事，提供一种思维情境，品析一处矛盾情节，感悟一段复杂情感，品出一番别味人生。

参考文献

[1] 王荣生. 中小学散文教学的问题及对策 [J]. 课程·教材·教法，2011（9）：49-55，83.

[2] 洪琳娇. 初中孩子《背影》的共鸣点是什么？——兼谈教材的生本化处理 [J]. 语文教学通讯，2010（9B）：44-45.

[3] 钱理群，孙绍振，王富仁. 解读语文 [M]. 福州：福建人民出版社，2010：199.

[4] 王丽. 中学语文名篇多元解读 [M]. 广州：广东教育出版社，2006.

[5] 沈庆九. 认识朱自清是第一教学目标——台湾国中《背影》教学目标解读 [J]. 语文教学通讯·B刊，2015（9）：14-16.

[6] 王君. 生之苦痛与爱之艰难——《背影》再读 [J]. 中学语文教学，2011（11）：47-49.

还原思维视阈下的现代散文教学

——以《故都的秋》教学为例

深圳市第七高级中学　马彦明

现代散文是中学语文课本中占比最大的一类文体，也是我国中小学阅读教学的主导文类，而根据王荣生教授的研究，现当代对于散文的理论研究却是"几近阙如"。在现实的散文教学中，教学内容杂乱无章的现象时有发生，将散文教成说明文、议论文甚至"非语文"者有之，脱离散文文本的独特性，跑到"外在的言说对象"或者跑到"概念化、抽象化的思想、精神上去"的教学者亦有之。笔者认为，在散文教学中对散文文体特征的认识不够明晰，以及散文文体特征本身产生的教学难点，是困扰目前散文教学的重要原因。

一、现代散文的文体特征及教学难点

在当代文学理论中，"散文"是一个用"排除法"定义的概念，散文有广义和狭义之分，广义的散文既包括诗歌以外的一切文学，也包括一般科学著作、论文、应用文章；狭义的散文是指与诗歌、小说、剧本等并列的一种文学样式，包括抒情散文、叙事散文、杂文、游记等。中学语文教学中涉及的散文，一般是指狭义的散文。由此可见，"散文并不是一种严格意义上的文体概念，它只是在文学实践过程中约定俗成的文类概念"。定义的模糊性直接导致了现代散文的文体特征的特殊性，正如散文家李广田所说："诗必须圆，小说必须严，而散文则比较散。"有专家指出，散文文体具有主体性、开放性、散漫性等特征，即散文是作家主体意识的坦诚流泻，是真诚的表达，是自我情思的广泛、自由表达，更是洒脱不羁、变化多端的"散漫"表达。王荣生教授将其概括为"个性化的言语表达、个人化的言说对象、独特的情感认知"。

现代散文独特的文体特征对散文教学提出了巨大的挑战。实际操作中的散文教学，往往容易出现以下几种问题。

1. 学生看不见

散文《说屏》，陈从周先生说："屏风，这是很富有诗意的名词。"学生很容易读出屏风的用处，"诗意"在何处却不容易看见，因为如今屏风已经从我们的生活中消失了，学生与屏风所承载的中国文化之间就有了"隔"。关于《小狗包弟》，巴金先生说："我怀念包弟，我想向它表示歉意。"学生不理解，为了避免小狗被红卫兵杀掉，巴金把包弟送去了医院，为什么还要致歉？因为学生看不见红卫兵"抄家"的社会背景，看不见巴金送走包弟的另一层含义。总而言之，散文阅读和教学中学生"看不见"，是因为随着时代、环境的变迁，文章的土壤、背景不被学生知晓，学生与文章之间产生了"隔"。

2. 学生看不清

《阿长与〈山海经〉》中，鲁迅先生写了阿长的"切切查查"，写了她不雅的睡姿，学生不解，为什么要写这些与《山海经》无关的东西？《端午的鸭蛋》中，汪曾祺先生详细介绍了故乡的鸭蛋是如何出名，有多么好吃，他写这些到底是为了什么？如果课堂上教师不设法将学生与作者连上线，学生就只能读到散文中一堆散乱的文字，至于鲁迅对于阿长的情感如何复杂，汪曾祺先生的生活如何充满情趣，就无从感知了。

3. 学生看不明

《藤野先生》中，鲁迅先生写到"我的讲义已经从头到末，都用红笔添改过了，不但增加了许多脱漏的地方，连文法的错误，也都一一订正"时，心头产生了一种"不安和感激"，教师为他改作业，他为什么会"不安和感激"？学生看不明白，原因是学生不清楚鲁迅先生赴日留学的背景，以及中国学生在日本的遭遇。只有教师在课堂上引导学生去寻找文字背后的"情感认知"，才能避免散文学习流于蜻蜓点水的浅显解读。

首先，散文的阅读和教学，最关键的是要"建立学生与'这一篇'课文的联结"，散文教学必须保证：学生面对的学习对象，是"这一篇"独特文本而非其他。就好比学生学习《从百草园到三味书屋》，教师教给学生的必须是"这一篇"中的"三味书屋"，而不是别人眼中的私塾。其次，"散文阅读和教学，始终都在'这一篇'散文里"，即散文的写实不是客观的写实，而是"这一位"作者根据其独特的人生体会而生发的极具个人色彩的真实感触。就好比学生学习朱自清的散文《背影》，教师一定要教学生品味朱自清眼中、笔下的背影，而不是别人看到的背影。

二、还原思维在散文教学中的运用

散文的独特文体特征使得散文教学必须面临"隔""散"和"浅"的问题，如何解决这三个问题呢？"还原"是一个较为有效的方法。正如孙绍振先生所说，还原法"就是根据艺术形象提供的线索，把未经作家加工的原生形态想象出来，找出艺术形象和原生形态之间的差异，有了差异就不愁没有矛盾了"。这说明，还原是把"未经作家加工的原生形态"分析出来，进而将"原生形态"和作家创作的"艺术形象"进行比较，明确差异的方法。但是笔者认为，"还原"不仅是一种方法，更是一种解读文本的思维。在解读文本时，不仅需要将"原生形态"和作家创作的"艺术形象"进行比较，更关键的是要将"读者心中的形象"和作家创作的"艺术形象"进行比较，进而对作家创作的"艺术形象"的特点进行归纳和分析，从而寻找到"这一位""这一篇"的艺术特色。

1. 还原思维可以"去隔"——帮助进入"这一篇"的独特环境

还原思维是"将事物返回到其所在的整体系统与原始状态中去进行考察以获得对事物的真实把握"的思维方式，这种思维方式与散文创作高度契合。因为写作活动是人的精神活动，作家的写作是建立在对外部世界与自我内在世界真实而独特的把握基础之上的。因此，在散文教学中，有目的地运用还原的思维，能够帮助学生打开"这一篇"散文的大门，进入属于"这一位"作家的散文世界。在《故都的秋》教学伊始，笔者就注重引导学生运用还原的思维。

师：同学们，我们今天学习的课文叫什么？

生（齐）：《故都的秋》。

师："故都"是哪里啊？

生1：北京！

生2：北平！

师：同学们都预习了，你认为哪个称呼更准确？

生3：北平，因为这篇文章写于1934年。

师：1934年的北京的确应该叫北平！所以"故都的秋"，实际上是北平的秋天。那同学们，假如让你为北京选最具代表性的秋景，你选哪里？

生4：故宫！

生5：长城！

……

师：这是同学们心中的北京的秋天，但这些似乎并不是郁达夫心中的那个"故都的秋"。郁达夫笔下"故都的秋"有何特点呢？请同学们在文中找出相关的描写。

根据王荣生教授的研究，散文阅读的要领有两点：①分享作者在日常生活中感悟到的人生经验；②体味精准的语言表达。王荣生教授特别强调：分享，是指分享作者的感受，而不是自己的感受；分享是体察、认识和理解，不是"占有、具有"。但是，由于散文的"客体"（人、事、景、物）具有"两栖性"，即既是客观存在，又是作者思想感情的承载体，所以在散文教学时，教师"很容易用自己的既成经验，去过滤、同化甚至顶替散文中作者的经验，乃至忘记了去体察作者独特的情感认知"，因此，建立学生与"这一位"作家、"这一篇"课文的联结是散文阅读教学的关键所在，其目的在于把散文还原到作者自由地书写真实情感的原始状态中去。本环节是教学的开始环节，但教师的几个问题都是在提示学生将自己还原到郁达夫的那个"故都"、那个"秋"当中去。只有学生走进了郁达夫的"故都的秋"而不是自己印象中的秋天，才能真正体会《故都的秋》的秋味儿。

2. 还原思维可以"聚拢"——精准定位散文言和意的独特性

据研究，写作中的还原思维包含三个内容：原初态、原生态和原觉。其中原初态和原生态"均指客观自然物的存在形态"；而原觉，则是指"主体接触外物时在'第一瞬间'所获得的感觉"。散文的特殊之处和魅力恰恰在于最大限度地将"这一位"作者在"这一瞬间"的所见、所闻、所思、所感呈现了出来。因此，在散文阅读和教学中，还原思维的运用，可以让学生将虚无、杂乱的感觉拂去，精准定位到散文不拘一格的语言背后独特的经验抒发。例如，在《故都的秋》的教学中，学生可以轻松地找到文中"故都的秋"，也可以明确郁达夫所钟情的故都的秋的特点是"清、静、悲凉"，但是很少思考秋景与1934这个年份以及1934年的郁达夫有何联系，这就需要发挥还原思维的定位功能。

为什么郁达夫偏偏喜欢这种"清、静、悲凉"的秋味儿？

师：请一位同学分享一下文章中你觉得最能表现出"清、静、悲凉"的秋景。

生6："在北平即使不出门去吧，就是在皇城人海之中，租人家一椽破屋来住着，早晨起来，泡一碗浓茶，向院子一坐，你也能看得到很高很高的碧绿的天色，听得到青天下驯鸽的飞声。"

师：你认为这一段体现了秋的什么特点？

生6：早晨起来，可以坐在院子里看天，听鸽子的飞声，显得很清静。

师：是显得清静，但是为什么要"租人家一椽破屋"呢？

生6：破屋的残破应该体现出一种悲凉的味道吧。

师：是有点悲凉的味道。那这样，让郁达夫在江南哪个地方，也"租人家一椽破屋"，也"泡一碗浓茶"，也坐在院子里看天，听鸽子的飞声，这样你觉得"清、静、悲凉"吗？

生6：……

生7：好像不太悲凉了。

师：为什么会有这样的变化呢？

生7：因为它不是"故都的秋"了。

师：对，非常好，不是"故都的秋"了，不是郁达夫喜欢的"故都的秋"了。对于江南的秋天，郁达夫明确地说，他并不是很喜欢，为什么呢？

生7：因为"总看不饱，尝不透，赏玩不到十足"。

师：为什么呢？

生8：文中说"一个人夹在苏州上海杭州，或厦门香港广州的市民中间，混混沌沌地过去"。

师：大家知不知道，郁达夫在1934年前后过得如何？

生摇头。

师展示郁达夫在1934年前后的经历和自序传《住所的话》。

就郁达夫而言，他喜欢故都的秋，喜欢这"一椽破屋""一碗浓茶"，是建立在一个背景下的，即"清、静、悲凉"之美，同样，这种"清、静、悲凉"之美亦是建立在一种大的空间和时间背景下的，这种背景便是作者的生活经历和心理状态，如果不对其加以还原，学生就很难品味到这"一椽破屋""一碗浓茶"背后的"精神"。而还原思维具有定位功能，即"将事物放在时间和空间的大背景中找回它的位置，使之摆脱割裂状态与漂泊无依感"。众所周知，散文往往呈现出"散"的特征，作家看似"运笔如风、不拘陈法"的散笔，汇聚起来，却使得文章有了一种独特的"神"。在散文阅读和教学中，我们需要一种能够"由散变聚"的思维工具，而还原思维的定位功能，恰好能够将事物与其背景联系起来，并发现此事物与其他事物的关联性。

3. 还原思维可以"透视"——帮助学生品味形上之"神"和言外之"意"

学生阅读散文时，往往会产生一种"雾里看花，水中望月"的感觉，这是因为散文个性化的语言表达，往往承载的是作家在日常生活中感悟到的人生经验，但由于这种人生经验是与我们的日常生活经验最为接近的，所以很容易被忽视、蒙蔽或者扭曲，使得散文阅读停留于浮光掠影。而对于隐蔽于散文中的形上之"神"与言外之"意"，则需要运用还原思维进行"解蔽"和"透视"。在《故都的秋》的教学中，引导学生理解郁达夫喜欢"清、静、悲凉"的秋味儿的原因，应该是教学的关键所在，而要回答这个问题，就必须在文中找到"透视点"。

师：郁达夫不喜欢南国温暖的秋天，他最喜欢的是那"一椽破屋""一碗浓茶"的秋天，最喜欢的是故都的破壁下的蓝朵、落蕊、秋蝉、秋雨和秋果，因为故都的秋来得那么"清、静、悲凉"。那大家在文中第十一段找找看，郁达夫为什么喜欢故都的秋？

生9：这一段说，北方的秋，有一种"中国的秋的深味"。

师：那"中国的秋的深味"是什么？能不能具体说明？

生9：文章说"中国的文人学士，尤其是诗人，都带着很浓厚的颓废色彩，所以中国的诗文里，颂赞秋的文字特别的多"。

师：但是外国也有很多吟咏秋天的诗句啊！

生10：因为"有情趣的人类，对于秋，总是一样的能特别引起深沉，幽远，严厉，萧索的感触来的"。

师：也就是说，秋天是一种独特的文化符号？

生10：是的，秋天是萧瑟、肃杀的符号。

师：郁达夫说"不单是诗人，就是被关闭在牢狱里的囚犯，到了秋天，我想也一定会感到一种不能自已的深情"，这是一种什么样的深情？

生11：这应该是对生命即将走到尽头的一种感慨，在生命即将结束时意识到生命短暂的深情。

师：说得不错。秋天给我们带来的，是一种"向死而生"的最后的光芒，也是一种对生命短暂的深刻的觉悟。这估计就是郁达夫说"可是这秋的深味，尤其是中国的秋的深味，非要在北方，才感受得到底"的原因了。

师：那接下来，我们再回到郁达夫笔下的秋景中，看看能不能读出"秋的深味"。

巴尔扎克说："诗人或作家身上往往拥有一种透视力，这是一种难以明言的，将他们（作家）送到他们应去或想去的地方的力量。"而作家正是依靠这一透视力，来"看见需要描绘的对象，或者是这个对象来接近他们，或者是他们自己走去接近对象"。散文创作更是如此，还原思维具有解蔽和透视的功能，能够使"客体世界在人们的意识中呈原真状态显现"，而不被语言表层负载的意蕴或者读者本身固有的经验蒙蔽。本环节追问郁达夫喜欢"故都的秋"的原因的过程，其实就是透视郁达夫"秋的深情"究竟为何的过程。通过透视，把作者的心理感悟呈现出来，然后让学生带着这种属于郁达夫气质的心理，去反观他笔下的秋景，就能够让学生有机会品味到这种"不可解释的、非常的、连科学也难以明辨的精神现象"背后的"神"和"意"，而这"神"和"意"正是"这一篇"散文的独特价值所在。

参考文献

［1］王荣生.散文教学教什么［M］.上海：华东师范大学出版社，2014：12.

［2］童庆炳.文学理论教程［M］.第5版.北京：高等教育出版社，2015：

217.

［3］王荣生.散文教学教什么［M］.上海：华东师范大学出版社，2014：25.

［4］曹明海，魏艳.散文文体特征与教学审识［J］.语文建设，2016（2）：
4-9.

［5］王荣生.散文教学教什么［M］.上海：华东师范大学出版社，2014：6.

［6］孙绍振.名作细读：微观分析个案研究［M］.上海：上海教育出版社，
2009.

［7］曹苇舫.论还原思维［J］.人文杂志，2005（1）：108-110.

［8］王荣生.散文教学教什么［M］.上海：华东师范大学出版社，2014：29.

［9］王荣生.散文教学教什么［M］.上海：华东师范大学出版社，2014：30.

［10］巴尔扎克.驴皮记［M］.北京：知识产权出版社，2010.

基于学科整合视角的游记散文教学

——以《壶口瀑布》为例

深圳明德实验学校　向　丽

在学习《壶口瀑布》时，学生在两个地方提出了疑问，这些问题乍看与语文无关，但以学生为主体，教师进行深究，将多学科进行整合，极大地拓展、深化了学生的思维品质。

一、在矛盾质疑中，拓展学生的思维品质

传统的游记散文教学一般遵循作者"所至""所见""所感"的内在逻辑，从"这一篇"出发，梳理文章脉络，把握描述的语言，体会作者在游览名山大川时产生的独特情感。笔者本也打算如此教学，但在实际教学中，在梳理完文章结构后，学生提出了这样的疑问："是什么造就了壶口瀑布？""壶口瀑布和一般瀑布的区别在哪里？"……这些问题直指壶口瀑布的成因及其独特的地形地貌，与区域地理知识密切相关，非专业人士无法解答。疑问开始的地方，正是学习真实发生的地方，也是拓展学生思维品质的契机。

这时笔者把地理老师请进语文课堂，让她为学生答疑解惑。

以下为教学实录片段。

（教师播放一段壶口瀑布的视频）

师：这是我选择的丰水季节的壶口瀑布景观，通过视频我们可以看出壶口瀑布具有怎样的特点？

生：水流湍急，呈黄色。

师：对。壶口瀑布是世界上最大的黄色瀑布。因为黄河流经黄土高原，携带大量泥沙，所以瀑布呈黄色。瀑布形成的原因很多，主要原因是组成河床底部的岩石软硬程度不一致，被河水冲击侵蚀得厉害，形成陡坎，坚硬的岩石则相对悬垂起来，河水流到这里，便飞泻而下，形成了瀑布。壶口瀑布的奇特之处在于，观赏一般瀑布是由下而上，而观赏壶口瀑布却要由上而下，这就是它与其他瀑布不同的地方。

师：而要解释是什么造成了壶口瀑布丰水期和枯水期的不同景象，这就要了解壶口瀑布所处地域的气候类型。

生：温带季风气候。

师：正是这样。壶口瀑布地处温带季风气候区，夏季高温多雨，冬季寒冷干燥，所以壶口瀑布有丰水期和枯水期。现在同学们明白了吗？

生：嗯，我们学到了很多。

师：那么，壶口瀑布枯水期景色的特点就交给语文老师带领大家赏析吧。

质疑、反思、批判是培养学生批判性思维的有效途径。在进行语文课堂模型建构的过程当中，我们要特别注重引入矛盾冲突来辨析质疑，简称"矛盾质疑"，它包含学生对学生的质疑、学生对教师的质疑、学生对文本的质疑等。把学生置于必须思考、促进思考和考验思考的情境之中，才能铺就学生思维的台阶。在学习本课的过程中，教师尊重学生对文本的反思、疑问，适时引入地理知识，极大地拓展了学生的思维广度，同时提高了学生的学习兴趣，也与传统的教学相区别。

二、在还原变异中，提高思维的深度

学生的问题："为何作者要第二次，也即在枯水期来到壶口瀑布？"这个问题恰巧引出了文章的重点——作者对枯水期的壶口瀑布的描写。下面笔者就带着学生具体分析文本，感受枯水期的壶口瀑布之美。

作者主要从"水""石"两方面来凸显枯水期壶口瀑布与众不同的美。通过精妙的比喻、拟人、排比等修辞手法，以及运用精确的形容词、叠词、象声词等，作者写出了壶口水之雄、水之险、水之刚柔相济、水之多姿多彩。写完水，作者又写脚下的石。脚下的石千孔万窍、简直奇绝。更重要的是，写石也是为了写水。石束水、水抗石，壶口瀑布的所有特性都在水石的抗争中得以呈现。小小壶口容纳了千情万态、大千世界。面对此情此景，作者自然陷入沉思——人如水，至柔至和，但若被压迫便怒不可遏。人在忍耐到一定程度时就会以力相较，奋力抗争。学生在文本中畅游，感受梁衡观壶口瀑布而见人生的境界。

但读到最后一个自然段的时候，学生又有了疑惑："作者写的是壶口瀑布，我们也理解了作者在水石抗争之中体会到的人生感悟，但为何要以对黄河的赞美来结束此文呢？"这个问题太有意义了，学生敏锐地发现了本文的高妙和精心之处：面对奔腾的壶口瀑布，作者更想到了黄河及其符号意义——母亲河，还有黄河的象征意义——多灾多难但顽强不屈的中华民族精神。可是鉴于学生的阅历和知识背景，他们很难体会到作者的思想轨迹，这时把历史老师请进课堂，再恰当不过。

以下为教学实录片段。

师：同学们，从我国原始农耕时代的主要遗址图中，你们能够发现什么？

生：他们大多分布在黄河流域。

师：是的。远古时期的黄河流域气候温暖，适宜人类活动，陕西西安的半坡遗址就出土了大量的陶器以及农作物种子。

师：黄河流域是炎黄部落的聚集地，在部落联盟时期逐渐形成了华夏民族。华夏民族是中华民族的主体——汉族的前身，因此我们都被称为"炎黄子孙"，黄河也被称为"中华民族的摇篮"。值得注意的是，炎黄初始聚落正在今天的陕西延安附近，也即壶口瀑布附近。

师：我们再来看这张图。

生：抗日战争时期的延安。

师：是的。日本发起的侵华战争使全中国陷入灾难之中，但是以毛泽东为领导的中国共产党英勇无畏，以延安为抗日战争的总后方，带领广大军民开展大生产运动，为革命胜利奠定了物质基础，也由此培育了延安精神。

生：我知道了，延安精神能够代表黄河精神，代表中华民族的精神——博大宽厚，柔中有刚；挟而不服，压而不弯；不平则呼，遇强则抗；死地必生，勇往直前。

至此，学生的问题迎刃而解，他们的精神也得到洗礼。这时，语文老师适时向学生介绍了由光未然作词、冼星海作曲的《黄河大合唱》，学生的胸中激起万千豪情，心灵和梁衡产生共鸣，得见小小壶口折射出的精神之美。

当然，《壶口瀑布》的教学依然以语文课程为基础，其他课程——地理、历史课程主要发挥补充或详细阐释特定内容、具体问题的作用。正如怀特海所说，"教育的问题是如何让学生借助认识树木来认识树林"，而解决的方案就是"根除科目之间毫无关联的状态"。以一切为了学生的发展为出发点，以语文为基础，对多学科进行整合，也符合学校教育的本质。学校教育应以学生为主体，教学应以学生的"思想圈"为出发点，对在逻辑与价值上有关联的课程进行合理化整合，从而使学生新的观念群不断同化于已有的观念群之中，最终指向完整人格的形成。

参考文献

［1］程红兵."课堂模型"之明德设计［J］.上海教育，2015（10）：18-19.

［2］罗灿.基于学科整合视角下的思维品质培养［J］.语文教学通讯·B刊，2017（10）：31-32.

为了学生的思想而教

——从教学《苏格拉底的申辩》想到的

深圳市第七高级中学　马彦明

一、有一种差距叫作思想的差距

苏格拉底说："未经省察的人生没有价值。"当省察我们的基础教育时，我们不禁惊出一身冷汗。

（1）尊重一切生命是一种道德义务吗？

（2）艺术家是否在其作品中刻意留下让人意会的内容？

（3）对摘自古罗马雄辩家西塞罗所著《论神性》的一段话加以解读。

这些题目是法国的高考题，而且据法国媒体报道，法国高中生无论学文还是学理，哲学都是必考科目，其重要程度与法语、数学、物理等不相上下。面对别国这样的高考题，复旦大学附属中学资深特级教师黄玉峰老师发出感慨："面对这些尖锐的问题，我们讶然，这是高中生做的题目吗？在中国又有几个成年人有能力或者说有勇气去探讨这样的问题？"

有一种差距，叫作思想的差距。没有思想就没有灵魂。人因思想而存在，一个人没有思想，则只能沦为一个工具、一具行尸走肉；一个民族没有思想，则极有可能在漫漫长夜中辗转轮回直至走向灭亡。如果作为民族之希望的青年人在人生觉醒之时缺乏思想，那么后果将不仅仅是"落后就要挨打"如此简单。

2016年12月，《中国学生核心素养》面向全国发布，从中观层面深入地回答了"立什么德、树什么人"的根本问题，指出组成核心素养的三大方面——文化基础、自主发展和社会参与，都和学生主体思想的培养有着极大的关联度，学校教育要培养学生的核心素养，就必须培养学生的思想能力。

我们的教育应该让学生拥有思想！

二、思想是什么？

尹后庆先生说："通过课程的变革落实核心素养，即将原来以知识为本的教学，转化为以素养为本的教学。"要让学生拥有"思想"的能力，就必须思考明白"思想是什么"的问题。

思想是人类思考的结晶。思想是爱与智慧的闪耀，更是一种思考的姿态。远古洪荒时代，当人类的先民仰望满天繁星，思考这个世界是怎样的时，思想就产生了。作为现代人，我们有时可能会讥笑古人将世界理解为"天圆地方""由火组成"的幼稚与可笑，但是，我们谁又能断言，我们对世界的认知就是正确的呢？事实上，有一些问题是人类千百年间一直在思考的永恒性问题，也是每一个人必须要思考的"终极问题"。梁漱溟先生说："人类生活中所遇到的问题有三不同，人类生活中所秉持的态度（所以应付问题者）有三不同。第一问题是人对于物的问题，第二问题是人对于人的问题，第三问题是人对于自己的问题。"前人的思考犹如黑夜中闪烁的点点星光，能为后来者在生命旅途中指明方向。从另一方面来讲，古人探究世界本质和认识自我的姿态是最值得我们敬仰的姿态，思考是人类最美的姿态！笔者想，这就是王小波所说的"思维的乐趣"吧。

程红兵校长说："人的思想是从思想中来的，其含义有二：第一个含义是人的思想首先是从别人的思想中来的，即从学习人类文明史上重要的思想成果而来；第二个含义是学生在学习过程中要学会思想，即学会独立思考。"

所以，我们学校不仅从初中开始就开设了"中国文化原典阅读"课程，还在高中开设了"西方思想名著选读"这一选修课程。我们将苏格拉底、柏拉图、亚里士多德、康德、黑格尔、马克思等哲学家的经典思想著作汇编成册，让学生与思想家对话，让学生从思想家的思想中汲取智慧，在思想家的思想中学会思想，进而在思想中塑造灵魂。

三、如何拥有思想？

苏格拉底说："教育不是灌输，是点燃火焰。"让学生学习思想的目的是让他们感受思考的快乐，学会思考，进而建构自己的思考体系。那么，教师要做的就是在课堂上点燃学生的思想，并建立起哲学与学生生活的"血肉联系"。笔者以为，课堂上有以下几个要素是必不可少的。

1. 让学生像思想家一样思考

哲学是对人类基本问题和普遍问题的思考与研究。觉醒和思考是人之成为人的价值所在，也是人之成为人的快乐源泉。因此，亚里士多德说："人的本性在于求知。"因此，王小波才说："能够带来思想快乐的东西，只能是人类智慧至高的产物。"关于思想的教学首先要激发学生思考的快感，要让学生感受到思考的快乐。让学生进入思想家当时思考的"思维场域"，能有效地促进学生像思想家一样思考。例如，在《苏格拉底的申辩》的教学中，笔者在上课伊始就布置了一个任务：

据说最聪明的人是善于提问的人，请同学们就此题目进行提问。

学生都希望表现得聪明，因此会争相提出自认为深奥的问题。当一个学生提出"苏格拉底是谁"的问题时，有学生笑了，因为他们认为这个问题过于简单，但是笔者并不这么认为，于是接着问：

你认为苏格拉底是怎样的人？

学生通过追溯苏格拉底论证的逻辑思路，发现苏格拉底认为自己"无知"，但正是因为这一点，他才能够看到"未知"的那一部分。分析到此，学生才体会到苏格拉底"认识到自己的无知，是真正的智慧"这一观点的价值。学生之所以能够感受到这一思想的奥妙，正是因为他们像思想家一样进行了思考。

2. 让学生思考思想家的思考

先哲们的思想结晶已然成为人类智慧星空上熠熠生辉的星辰，但是除了了解思想家智慧的价值，学生更需要追溯根本，了解思想家们的"思想动因"，或者需要以更高的视角思考思想家的思想有无局限性的"思想范畴"问题。例如，在《苏格拉底的申辩》一课的学习中，学生发现，苏格拉底的申辩与他被起诉的罪名似乎并不完全匹配。苏格拉底面对"不敬神祇、败坏青年"的控告时，仅仅做了似是而非的申辩——对自己的哲学观点重新做了阐述。其实这种"不吻合"恰恰是苏格拉底的"思想动因"所在。于是笔者尝试让学生来思考这位哲学家的思考，以发现其思想的动因。

师：让我们再次回到文本，看一下苏格拉底到底有没有不敬神祇。

通过思考，学生发现苏格拉底的真正目的是追求真正的智慧——认识自己的无知。紧接着，笔者向学生展示苏格拉底"败坏青年"的罪证——苏格拉底与青年的对话，他用层层追问的方式，让青年承认有时候欺骗也是符合道德的。学生明白了他自比为"牛虻"的背后，是一种大爱。"爱"与"智慧"的聚合，恰好是哲学的含义，而追求"爱"与"智慧"，正是以苏格拉底为代表的思想家们永恒的"思想动因"。

3. 让学生思考自我的思考

有人觉得，哲学是追问浩瀚星空的高深学问，哲学是离我们很远的玄思冥想。其实不然，马克思说："哲学不是在世界之外，就如同人脑虽然不在胃里，但也不在人体之外一样。"哲学不能脱离生活。从经典思想中完善思想，学会"不断追问和反思"的思维方式，这才是学习思想的终极目的，而实现的途径便是让学生思考自我的思考。

通过学习《苏格拉底的申辩》，学生了解了苏格拉底思想的伟大以及哲学家追求"爱"与"智慧"的职责，但这些还不够，我们应该让学生思考苏格拉底的思想对于我们有什么意义。在课堂上，笔者询问学生："你能不能从自己的生活中找一个事例证来明苏格拉底的观点？"能分享的学生寥寥无几。这说明其实学生并不知道"省察"的价值，所以很少对自己做"省察"，也因此很少能体会到"省察"对于人生的意义。于是，笔者通过一个"补充句子"的活动，让学生来感受"省察"的意义。

补充句子：因为知道自己无知，所以_____。

有一些学生提出要学习、要倾听、要思考，但都集中在学习方面。笔者进一步引导，提问：在我们的人际交往中，有没有"无知"的情况呢？如果你认为你的朋友做了对不起你的事情，你会如何处理？学生给出要宽容、理性等答案。笔者进一步提问：如果是在处理国家事务、重大问题上呢？学生通过思考得出要民主的答案。通过层层推进，学生逐渐对自己以往的思考进行再思考，从而明白了"认识到自己的无知"对于人生的价值。只有让学生思考自我的思考，才能把思想转化为如血液一般在学生体内流淌的精神养料，而不至于让思想变成空洞的概念和神秘的名词。

罗伯特·恩尼斯（Robert Ennis）说："批判性思维是理性的、反思性的思维，用来决定信念与行动。"该定义决定了批判性思维不仅是一种具有质疑与反驳倾向的思维，更是一种建构性思维，人们可以凭借这种思维建构认知，指导实践。余党绪老师说："'理性的反思'实际上是每个人都有的思维与认知活动，它就在我们的日常生活与实践之中，区别只在于个人的判断与选择是否合理，能否解决实际问题。"只有通过思考自我的思考，学会了这样的思维方式，学生才能更好地迎接未来的生活。

参考文献

［1］黄玉峰."洋高考"试题让我们痛苦地看到差距 ——关于高考语文作文命题的反思［N］.第三版.文汇报.2012-07-12.

［2］程红兵.思想从哪里来？［J］.上海教育，2017（28）：80.

［3］尹后庆.核心素养要落地，学习方式必须变［N］.中国教育报.2016-09-14.

［4］［美］艾恺.这个世界会好吗？梁漱溟晚年口述［M］.梁漱溟，译.北京：生活·读书·新知三联书店，2015.

［5］［古希腊］亚里士多德著.形而上学［M］.苗力，译.北京：中国人民大学出版社2003年.

［6］王小波.思维的乐趣［M］.北京：中国人民大学出版社，2010.

［7］中共中央马克思恩格斯列宁斯大林著作编译局.马克思恩格斯全集［M］.北京：人民出版社，2017.

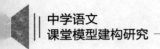
［8］［美］诺希克（Gerald M.Nosich）.学会批判性思维——跨学科批判性思维教学指南［M］.柳铭心，译.北京：中国轻工业出版社，2005.

［9］余党绪.比教学范式建设更迫切的，是改善我们的思维——关于思辨性阅读教学的思考［J］.语文建设，2018（1）：9–13.

通过矛盾质疑铺就学生思维的台阶

——以李森祥的《台阶》为例

深圳市龙华区外国语学校　杨金锋

　　质疑、反思、批判是培养学生批判性思维的有效途径。在进行语文课堂模型建构的过程当中，我们特别注重引入矛盾冲突来辨析、质疑，简称"矛盾质疑"，它包含学生对学生的质疑、学生对教师的质疑、教师对学生的质疑、学生对文本的质疑等。这样，把学生置于必须思考、促进思考和考验思考的情境之中，铺就学生思维的台阶，引发学生思考。下面笔者就以李森祥的《台阶》为例来谈谈矛盾质疑在小说教学中的运用。

　　李森祥的《台阶》是原人教版教材八年级上册第二单元的自读课，是一篇散文化的小说。这篇小说以浙东农村为原型，讲述了二十世纪六七十年代，一位父亲坚韧不拔、积铢累寸地用自己大半辈子的辛劳建造一座九层高的台阶的故事。在当地，村民们常常戏称，台阶高就意味着地位高。但台阶建好了，应得的尊重却落空了，父亲衰老了，疑惑了，颓废了。小说具有浓厚的地域文化特色和传统农村文化特色，感人肺腑，意蕴深厚，引人思考。《台阶》的教学是难的，教师难教，学生难学。原因有四：①从选材上来讲，小说属于农村题材，且时代久远，和现在的学生，特别是处于深圳这样大都市的学生存在严重的文化背景差异；②从主题上讲，因时代久远和解读方法的不断推进，学界对文章的分析理解不同；③从文本本身讲，这篇文章将近4400字，篇幅较长，在有限的40分钟里，教什么对教师来说是一个挑战；④从学生情况讲，八年级的学生思维活跃，但思维品质不够高，怎样让学生走进文本，理解这个厚重的主题，也是一个难点。笔者认为，要想解决这些难题，一个核心的问题不容回避：如何凸显文本的核心价值。

要想凸显文本的核心价值必须处理好四个"意"的关系，即"读者意""作者意""编者意"与"文本意"的关系。所谓"读者意"，笔者认为有两层含义：学生作为普通读者理解文本的意思和作为学生学习文本之后的意思，而且二者要有质的差异，否则我们的教学就是失败的。"作者意"，即作者写这篇文章所要表达的意思。"编者意"，即编者根据教材编写的需要对文本进行删减或有意地导读而让师生学习的意思。"文本意"，即文本本身所能呈现出的意思，换句话说，就是不同读者从文本中读出的不同意思，特指文本的多元性主题。以《台阶》为例，作者曾经这样表示他写这篇小说的目的："关于小说的结尾，当初我的确没有把它当作悲剧来处理。在中国乡村，一个父亲的使命也就那么多，或造一间屋，或为子女成家立业，然后他就迅速地衰老，并且再也不被人关注，我只是为他们的最终命运而惋惜，这几乎是乡村农民最为真实的一个结尾。"而"编者意"则有三个：①学习父亲可敬的品质，有志气，有追求，有愚公移山的精神和坚韧不拔的毅力；②人都有获得社会和他人尊重的需要，提高地位、赢得尊重是父亲最大的心愿；③父亲创业如此艰难，原因在于生产力水平低下。而对于"文本意"，我们还可做如下思考：父亲的形象是可敬的但又是令人惋惜的，甚至是可悲的，这种可悲的深层次原因是什么？台阶的深层含义又是什么？等等。可能每一个走进文本的学生读出来的东西都是不一样的。合理的教学流程应该是学生带着自己最初的阅读体验在教师的指导下，理解"作者意"和"编者意"，探索"文本意"，读出自我而获得"读者意"。这种教学方式其实是学生带着教材走向教师，而学生带着教材走向教师的载体正是质疑，对文本的质疑。下面详细阐述。

一、文本质疑，提出矛盾

阅读教学应有起点和落点，教学目标和起点之间应有落差。起点是整个教学的基础，它一定是基于学生的阅读需求，基于学生的认知规律，基于学生的阅读兴趣的。尤其是像《台阶》这样意蕴深厚而又特别难理解的文章。苏霍姆林斯基说过："在人的心灵深处，都有一种根深蒂固的需要，就是希望自己是一个探索者、发现者、研究者，而在儿童的精神世界中，这种需要特别强烈。"因此，在进行教学之前，笔者让学生在阅读文章之后提2～3个问题，让学生先探索、先发现、先质疑。

八年级一班32人，共提问题67个。通过整理，笔者发现，学生比较集中的问题有两组：①在新家的台阶没有建好前，父亲老念叨"我们家的台阶低"，新家建好后，为什么他却从最高的台阶一直挪到最低的台阶？台阶高了，为什么父亲感觉不自在？这不是他梦寐以求的地位高的标志吗？父亲为什么会有若有所失的模样？②父亲为什么不敢放鞭炮？放鞭炮明明应该高兴，他为什么会露出尴尬的笑？其中，第一组问题有16人提到，第二组问题有7人提到。仔细分析这两组问题，不难发现，其实它们都源于同一个问题，即父亲的愿望和现实的冲突。于是，笔者知道了学生的问题所在，明白了学生的阅读需求，知晓了学生的阅读障碍。基于学生的需求，笔者就以"矛盾质疑"作为这篇小说的突破口，开始设计教学，引导学生走进父亲的内心世界，理解《台阶》的深层内涵。

二、情节错位，阐释矛盾

所谓"情节错位"，是指小说家在设计情节和组合情节时，按照事与愿违的规律去进行构思和安排，使情节结构呈现出一种错位的状态，从而使作品产生一种悲剧性效果。情节错位形成小说的矛盾，推动剧情的发展，塑造人物的形象。《台阶》的情节错位集中体现在台阶建成之后。按照父亲的逻辑，台阶高意味着地位高，地位高意味着受尊重的程度高，"我们家"的台阶只有三级，所以父亲一生的追求就是高台阶。但台阶建成之后，地位并没有变高，父亲反而感到不自在，从最高级台阶一直挪到最低级台阶，但坐到最低级台阶又觉得不合适，以至于别人和他打招呼都回答错了。这种情节错位的实质就是愿望和现实的矛盾冲突，而矛盾会激发学生的兴趣，引发学生的思考。因此，笔者依据学生的集中提问，首先对台阶的文化内涵进行了还原，然后引导学生理解父亲艰难建立台阶的过程，重点分析新台阶建成之后父亲的不自在，即文章的第二十一至二十七段。请看教学实录片段。

师：同学们，父亲梦寐以求的台阶终于建成了，但父亲为什么感到不自在呢？请联系上下文来分析。

生1：前文说"父亲老实厚道低眉顺眼累了一辈子，没有人说过他有地位，父亲也没觉得自己有地位"，现在虽然建成了九层台阶，但他一下子适应不过来。

师：为什么父亲适应不过来呢？

生1：台阶虽然建成了，但父亲的思想没有跟上去。

师：什么思想？

生1沉默。

生2：其实父亲不是在新台阶建成后才有这种不自在的，而是在新台阶建成之前就有了。请大家看第二十一段，父亲在新屋落成之前居然不敢放大鞭炮，而且他仿佛觉得有许多目光在望着他，手无处放，本来该高兴，却露出尴尬的笑。

师：你的发现很有价值。那父亲为什么不敢放鞭炮，还尴尬地笑？

生2：放鞭炮实际上是在向村民宣布我的新台阶将要建成了，我马上有地位了，但正如前面那位同学说的那样，父亲低眉顺眼了一辈子，而且这段也说了父亲的背是驼惯了的。

师：父亲的背为什么驼惯了？

生2：我的理解有两层：一层是有形的，父亲常年劳动，被生活的重担压得背驼了；另一层是无形的，父亲觉得自己没地位，这是源于农民骨子里的不自信。

生3：我比较同意他的说法，其实父亲是农民的一个代表，骨子里是谦卑的。他奋斗一生，建成九层台阶，但台阶建好之后，村民们问他的还是"你吃饭了没"，因此他的精神支柱就倒塌了，所以，回答最基本的问题也会出错，感到浑身不自在。

……

杜威说："不断改进教学方法唯一直接的途径，就是把学生置于必须思考、促进思考和考验思考的情境之中。"他还说过："困惑是思考的不可或缺的刺激。"在这个片段中，笔者基于学生的提问，把情节错位的段落拿出来为学生设置一个思考的情境，而且这个情节错位是相当一部分学生的共同问题，并且情节错位本身就是矛盾冲突，更能激发学生的阅读兴趣，因此，课堂讨论比较热烈，学生的思考也比较深入。

三、心理透视，品析矛盾

所谓"心理透视"，就是要逼真地、全面地、准确地展示人物矛盾的心理活动。矛盾有外在和内在之分，外在矛盾写起来比较容易，而内在矛盾却往往难以展开，但一个优秀的小说家必须要有揭示人物内心矛盾的能力。例如，《台阶》中，父亲的理想和现实的矛盾就是一对外在矛盾。但在阅读教学中我们必须引导学生走进内在矛盾，品析内在矛盾。《台阶》的内在矛盾是什么？是"变"与"不变"的矛盾。"变"的是台阶升高、父亲衰老、父亲若有所失；"不变"的是父亲的地位、父亲骨子里的谦卑以及父亲没有得到他觉得应该有的尊重。而这种"变"与"不变"的核心是父亲的"精神台阶"。请看教学实录片段。

生1：我觉得父亲"有形的台阶"建成了，"无形的台阶"没有建成。从前文可以看出，父亲的地位并没有改变，父亲的不自信也一直存在，而且越来越糟糕。

生2：我也觉得父亲"无形的台阶"没有建成。文章第二十九段最后说："以前他可以在青石台阶上坐几个小时，自那次腰闪了之后，似乎失去了这个兴趣，也不愿找别人聊聊，也很少跨出我们家的台阶。偶尔出去一趟，回来时，一副若有所失的模样。"从父亲的状态中我们可以看出父亲的"台阶"肯定没有建成，否则不应该是若有所失的样子。

师：父亲为什么会若有所失呢？

生2：我觉得是这样的，父亲修建好台阶后应有的尊重没有实现，这是其一；其二，父亲的腰闪了，挑水由"我"包了，这意味着父亲老了，在家里没有地位，加上在村里也没有地位，父亲就灰心丧气，颓废了。

生3：我觉得还有一个原因，就是台阶建成之后，父亲没有了生活的目标，而且他感到很苦恼，为什么自己辛苦了一辈子还是得不到乡邻的尊重。

生4：我和他们的理解不太一样。我觉得这个"无形的台阶"可能指的是一种观念或者说一种思想。前文说乡邻们常常戏称"你们家的台阶高！言外之意，就是你们家有地位啊"。他们只是戏称，父亲却相信了，这可能是以父亲为代表的农民思想认识的一种错误。

师：同学们，你们分析得都有道理，那你们觉得，作者想通过这样矛盾的故事告诉我们什么呢？

生5：就文章内容来看，它是农村题材，而且写了一个可敬又可悲的父亲，这告诉我们要关注农民这个阶层，特别是他们的精神层面。

生6：我是从父亲奋斗一生来分析的，我觉得父亲的追求超越了他本人的承受范围，这样的结果往往是可悲的。

生7：读完这个故事，我突然觉得我们每个人的一生都是由一个个台阶组成的，台阶就是我们的梦想，就像九层台阶是父亲的梦想，但当梦想实现后，必须有新的梦想来支撑，否则可能会走父亲的路，而且这个梦想要符合我们自己的实际。

……

阿基米德说："给我一个支点，我可以撬动地球。"同样，给学生一个支点，他们也可以做得到，关键是我们要为他们创造这样的支点。这个"支点"一定是牵一发而动全身的，一定要激发学生的兴趣，一定要引发学生深层次的思考。因此，在总结"变"与"不变"的矛盾之后，笔者设置了一个主问题进行质疑：父亲建成"台阶"了吗？引发学生进行思考，走进父亲的内心世界，这就是一个支点。这个问题每个学生都有话说，但思考的角度不一样，答案也不一样，这样就形成了一个多元而开放的主题，即实现了在理解"作者意"和"编者意"的基础之上，探索"文本意"，读出自我而获得"读者意"，也就是走进文本，同时走出文本，读出自我。

当然，在《台阶》的教学过程中，我们只运用了矛盾质疑这一种方法，即学生对文本的质疑。除这种方法外，还有学生对学生的质疑、学生对教师的质疑、教师对学生的质疑，甚至有时几种方法是交叉运用的。需要说明的是，不管使用哪一种或哪几种矛盾质疑的方法，目的都是激发学生的阅读兴趣，引发学生的思考，培养学生的批判性思维。这是教师的责任，也是教师的使命。

参考文献

［1］覃永恒.《背影》解读争议与文本解读的多种意义［J］.语文教学通讯·B刊，2015（9）：17-19.

［2］尤志心.也谈《台阶》结尾的意蕴［J］.中学语文教学，2008（3）：44-45.

［3］课程教材研究所.义务教育课程标准实验教科书语文八年级上册教师教学用书［M］.北京：人民教育出版社，2015.

［4］晓苏.小说与矛盾［J］.当代文坛，2006（5）：71-73.

第四章

小说类教学

让《故乡》生动起来

——浅议如何运用变异理论体会
鲁迅作品的时代性

深圳明德实验学校　马彦明

　　鲁迅是中国现代伟大的作家，鲁迅的作品在初中语文教材中所占的比例颇高，鲁迅作品的教学也理所当然地成为了初中语文教学的"重头戏"。众所周知，鲁迅作品的深刻性主要体现为鲜明的时代性，然而，当下的课堂对鲁迅作品的教学普遍存在"概念化"的倾向，从而导致学生对鲁迅作品产生肤浅的理解甚至曲解。如何在教学中让学生正确而深刻地理解鲁迅作品的时代性，是鲁迅作品教学的核心问题之一。笔者在《故乡》的教学中，通过原型辨析、多维反思等方式，还原了《故乡》的时代背景，以期引导学生对《故乡》的时代性产生生动而深刻的体悟。现总结如下，以供专家指正。

　　文学艺术作品是时代的产物，同时又能反映时代的风貌。任何文学作品都与时代有着天然的密切联系。鲁迅作为中国现代伟大的作家，对封建礼教和封建思想的深刻揭露与批判，使其作品具有鲜明的时代性。毛泽东曾评价："鲁迅的方向，就是中华民族新文化的方向。"然而，放眼中学语文课堂中的鲁迅作品教学，我们发现，大量课堂将鲁迅作品简化为"反封建"的时代性，又将鲁迅作品"反封建"的时代性概念化地灌输给学生，从而导致学生对鲁迅作品产生肤浅的理解甚至曲解。

　　世界著名教学论专家、瑞典哥德堡大学教授马飞龙（Marton）于20世纪90年代提出的"变异理论"强调：为了认识某个事物，就必须注意到这个事物与其他事物之间的不同，通过对所学内容的关键属性进行区分，从而掌握教学内容。基于这一点，程红兵校长在《"课堂模型"之明德设计》一文中专门强调了"理解迁移，讲究还原"这一要素的重要性。程校长要求，明德的课堂教学既要考虑知识点的标准正例，也要考虑各种非标准正例，还要考虑反例，从而让学生全面、深入地理解所学内容的关键属性。

基于以上思考，笔者对《故乡》的教学进行了设计。其中第二课时，带领学生聚焦鲁迅作品的时代性，笔者想通过一些策略，让学生体会到《故乡》所反映的鲁迅对当时社会的思考与情感。

一、审辨细节，还原人物心理

一花一世界，一叶一菩提。文本是由一个一个的细节组成的，细节往往是解读文本的突破口。变异理论强调："理解任何事物的第一步就是审辨（discernment）。"因此，在课堂教学中，只有把握细节，还原人物的心理活动，才能实现对文本的深入探究，达到"牵一发而动全身"的教学效果。鲁迅先生曾经在《我怎么做起小说来》一文中说："要极省俭的画出一个人的特点，最好是画他的眼睛。我以为这话是极对的，倘若画了全副的头发，即使细得逼真，也毫无意思。我常在学学这一种方法，可惜学不好。"可以看出他对细节的重视。因此，就鲁迅的作品而言，琢磨细节，还原人物心理，更能帮助学生体会其作品的丰富内涵。

以下是课堂教学实录：

学生朗读"我"与闰土见面时的对话。

女生："阿！闰土哥，——你来了？……"

男生："老爷！……"

师：你从这两句话中读到了什么？

生1：我读到了悲凉。二十多年不见，闰土的变化这么巨大，尤其是那句"老爷"，将"我"和闰土隔得很远很远。

生2：我读到了童年的美好已经不在了，小时候和闰土一起玩乐的时光再也没有了。

生3：我觉得闰土的思想发生了变化。之前他们之间相互称呼为"迅哥儿""闰土哥",是亲密的兄弟关系,但是现在闰土对"我"的称呼变成了"老爷",是上下等的关系,由此可以看出,闰土内心已经充满了封建的等级观念。

师:大家有没有注意到这两句话的标点?都是两个连用,但前一句是"?",后一句是"!",有什么不同?

生4:"?"表示我对闰土的关切。

生5:"!"表示闰土的"老爷"叫得很诚挚。

生6:正因为用了"!",闰土叫得那样诚挚,才能看出封建的等级思想在他心中的根深蒂固。

师:那省略号呢?"我"省略了什么话?

生7:根据文章看,是省略了儿时的回忆,角鸡、跳鱼儿、贝壳、猹……

师:那闰土省略了什么话?

生思考。

师:能不能从文中找到他省略的话的内容提示?

生:好像没有。

师:那是不是可以理解为此时的闰土是无言的?

生点头。

师:大家再看,闰土在之后的交谈中也出现了好多省略号,从这里可以看出什么?

生8:可以看出闰土说话断断续续。

生9:可以看出闰土不善言辞。

生10:其实文中有提到,"他只是摇头,脸上虽然刻着许多皱纹,却全然不动,仿佛石像一般",这说明闰土面对接踵而来的苦难,他没有任何反抗,只默默地忍受。他的内心已经变得荒凉,变得干涸,他已经在生活的重压下变得麻木了。

本环节的教学,学生已经能够从人物的对话中读出"老爷"背后的等级观念,但是笔者并没有简单地赞许学生的认识,而是带领学生"咬文嚼字",以标点为切入口,对人物的心理进行深入的揣测和理解,引导学生思考标点背后的内容,逐步还原人物内心的想法,从而使学生对闰土的"封建等级观念"的理解具体化、生动化。在这省略号中，在闰土断断续续的言语中，在他如石像一般的脸上，学生能够深刻地体会到他荒凉而干涸的内心。

二、原型辨析，比较关键因素

有深度的课堂不仅需要教师引导学生明白"是什么"，更要引导学生思考"为什么"。事实上，追问要比判断更有价值。变异理论强调，认识事物的关键在于注意到这个事物与其他事物之间的不同，辨析其关键属性。鲁迅通过他的作品给读者展示了封建思想对人心的毒害，呈现了国民性的丑陋，但他更是一个灵魂的拷问者，他试图通过他的作品引发人们对社会的思考，这便是鲁迅作品的价值所在。笔者认为，在《故乡》一课的教学中，教师不仅要引导学生体会人物的精神状态，更要引导学生思考造成这种病态的精神状态的原因。而这一教学目标，正是通过"闰土"和"杨二嫂"的形象比较实现的。

以下是课堂教学实录：

师：同学们，为什么闰土会变成这样？

生11：课文中说"第六个孩子也会帮忙了，却总是吃不够……又不太平……什么地方都要钱，没有定规……收成又坏。种出东西来，挑去卖，总要捐几回钱，折了本；不去卖，又只能烂掉……"从这里可以看出，闰土变成这样是当时的社会对普通民众的层层剥削导致的。

……

师：刚才几位同学分析了闰土变化的原因，有外部的，如社会环境；有内部的，如思想观念，大家认为哪一方面的原因是最主要的呢？

生12：我认为外部因素更加重要，因为当时的农民深受层层盘剥，在生活的重压之下，人难免会变得麻木。

师：我们来看一下另一个人物，她和闰土生活在相似的社会环境里，她也变了。我们一起来分析杨二嫂。

……

师：我们来把杨二嫂和闰土做一个比较，看看有什么异同。

生13：我觉得杨二嫂比较可恶，她在光天化日之下把母亲的手套拿走了，这是一种偷窃的行为，她却没有一点羞耻感。

生14：我觉得杨二嫂是一个自私自利的人，闰土至少没有这样。

师：说得很好。那他们两个人有没有相同点？

生15：他们都是被生活压迫的人，他们之前都有过美好，但是他们的灵魂都被生活扭曲了。

生16：闰土叫"老爷"，杨二嫂羡慕"我"，可见他们的封建思想都根深蒂固。

生17：闰土面对生活只默默摇头，杨二嫂则选择损人利己，行为表现虽然不同，但是他们的灵魂有相同之处，那就是都是麻木的。这也是他们改变的主要原因。正因为思想是麻木的，他们才会表现出这样的言行。

本环节的教学，笔者运用了原型辨析的方法，引导学生探寻闰土改变的原因。或许在闰土这个人物身上，导致他改变的思想因素不是很明显，但是将他与杨二嫂比较之后，他们的共性就比较清晰了。有人认为，杨二嫂这个人物在小说中无关紧要，但是经过分析，学生们发现，其实杨二嫂同样具有至关重要的作用，因为鲁迅写杨二嫂，就是为了说明当时的社会和封建思想对人的毒害多么广泛而深刻，她和闰土有共同之处，他们两个代表了所有灵魂麻木的故乡人。

三、多维反思，体会作者情感

程红兵校长提出，语文课堂模型的核心是思维流量。而从多维角度对文本进行分析和反思，是激发学生思维流量的有效途径。小说《故乡》中作者情感的复杂性，使得课堂上的多维反思成为必要。鲁迅说："中国只有两个时代，做稳了奴隶的时代和争做奴隶而不得的时代。"（《灯下漫笔》）批判国民性的思想决定了鲁迅的启蒙主义创作观念——"揭出病苦，引起疗救的注意"，这里的"病苦"正是精神上的病苦。然而，应该强调的是，鲁迅表现"国民劣根性"的目的，不是以高高在上的启蒙者的姿态来批评他们、鄙视他们，而是怀着"疗救"与"改造"的良苦用心，哀其不幸，怒其不争。如果不理解这一用心，就很容易将鲁迅理解为一个偏狭自傲的人，从而曲解文章的主旨。那么，在课堂教学中，如何让学生体会到鲁迅"哀其不幸，怒其不争"的良苦用心呢？笔者做了以下尝试：

师："我"对闰土有什么样的情感？

生18：悲痛，为他的变化而悲痛。

生19：同情他，把家里能用的东西都给了他。

师：那"我"对杨二嫂是什么样的情感？

生20：是厌恶的，你看文中对她的描写，"凸颧骨，薄嘴唇"的"细脚伶仃的圆规"，爱搬弄是非，并且想方设法在"我"搬家时捞点东西。她就是一个自私自利的人。

师：那大家想一想，她为什么这么做？

生21：因为她恶习难改，这样惯了。

师追问：她为什么会养成这样的习惯？

生22：我觉得可能也是因为她的生活很艰难。你看她本来是"豆腐西施"，"生意也非常好"，但是现在"凸颧骨，薄嘴唇"，变得像"细脚伶仃的圆规"。

师：那文中的"我"对杨二嫂有没有同情？

生23：我觉得是有的。她是为了生存，才采取这样为人所不齿的手段。我在杨二嫂身上看到了辛酸，看到了走投无路。在这个意义上，她是值得同情的。

生24：我同意，文中的"我"虽然看到杨二嫂拿了自己家的东西，但是没有要回来，也没有当众戳穿她，可以看出对杨二嫂的同情，这是因为"我"明白，杨二嫂之所以变成这样，是因为时代和封建思想对人的戕害。

笔者设计这个环节的目的在于让学生通过杨二嫂来理解鲁迅在小说中所透露的对故乡人的情感，不是嫌弃和鄙夷，而是同情和悲伤。王富仁教授说："像豆腐西施杨二嫂这样一个毫无道德感的人，时时刻刻都在做着损人利己的勾当，是不能不引起人们的厌恶乃至憎恨的。所以，就她本人命运的悲惨，她是可怜的，而就其对别人的态度，她又是可气、可恨的。"学生们能理解杨二嫂对待别人时表现出的可气、可恨，但如果不认真研读、多维反思，就不能理解杨二嫂在"恣睢"的外表下隐藏的那颗为生活不顾一切的卑微而可怜的心。只有解读到此，对小说的主题才能理解全面，对鲁迅的用心才能理解透彻。

137

参考文献

[1] 毛泽东.毛泽东选集 [M].北京：人民出版社，1991：698.

[2] 马飞龙.从变异理论看国际比较中数学教与学的差异 [J].上海教育科研，2002（8）：4-9.

[3] 钱理群.心灵的探寻 [M].石家庄：河北教育出版社，2005.

[4] 王富仁.中国反封建思想革命的一面镜子：《呐喊》《彷徨》综论 [M].北京：中国人民大学出版社，2010.

[5] 程红兵."课堂模型"之明德设计 [J].上海教育，2015（10）：18-19.

第五章

实用文体教学

信息时代的新闻教学应该注重学生思维的培养

深圳市第七高级中学　马彦明

　　随着互联网的兴起，人类跨入了飞速发展的信息时代。人们每天需要接收大量纷繁复杂的信息和资讯，同时不自觉地成了信息的生产者和传递者，人们的生活、学习也越来越多地受到各种信息的影响。其中，新闻是人们接受信息和资讯最主要的载体。中学新闻教学随着时代的发展，越发凸显了它对于中学生语文素质培养的重要性。正因如此，新闻类作品在现行的高中语文教材各版本中都有涉及。然而，与之形成强烈反差的是，在实际的教学中，新闻教学始终处于"食之无味，弃之可惜"的尴尬境地。教师不重视新闻的教学，学生对新闻学习的兴趣也不浓厚。究其根源，恐怕在于中学新闻教学没有处理好新闻是什么、新闻教什么、新闻该怎么教这三大问题。

　　首先，了解新闻是什么。在传统的定义中，新闻是一种"通过报纸、电台、广播、电视台等媒体途径传播信息"的文体，于是大多数课堂选择了"教知识"，侧重于教授新闻所传递的知识本身。但是，在信息爆炸的时代，信息的更新速度何其迅速，学生接触信息的渠道大大拓宽，各种搜索引擎可以轻松实现"答疑解惑"，教材上的新闻早已变成了"旧闻"。事实上，一些经典新闻之所以能入选教材，其目的不是要学生"学习过时的新闻内容，而是学习作者如何进行出色的报道"。当然，写作的过程正是思维的过程，所以新闻所传递的不仅仅是信息本身，更重要的是态度立场和思维方式。如果教师在课堂上没有注意到这一时代变化，依然故步自封地讲解旧知识，自然无法引起学生的兴趣，更不可能让学生掌握在信息时代阅读新闻的技能。

其次，弄清新闻教什么。在传统的新闻教学中，教师将新闻定义为一种专业文体，于是将新闻教学的侧重点放在"文体教学"方面，聚焦"六要素""三大特征"的教授。但是，随着新媒体时代的到来，传统的"新闻"的概念已经在很大程度上被推翻，新闻不一定需要通过传统媒介来传递，甚至不需要完全按照传统的格式来写作，有些新媒体新闻甚至颠覆了原本稳定的叙述模式。在这样的背景下，新闻教学究竟应该教什么？或者说在新闻教学中教师应该发挥怎样的作用？这个问题至关重要。《普通高中语文课程标准（实验）》强调："阅读实用类文本中的新闻，应引导学生注意材料的来源与真实性，事实与观点的关系，基本时间与典型细节，文本的价值取向与使用效果。"事实上，在信息时代的背景下，新闻教学应该聚焦学生的思维，提高学生对社会信息的评判能力和思考能力。因此，笔者认为信息时代的新闻教学应该注重对学生的思维进行培养。

程红兵校长提出了"基于思维流量的课堂模型的建构"的理论框架，将课堂上师生之间的"思维流量"作为课堂的评价标准，提炼出了能够提升课堂思维流量的七大要素。这正与新时期新闻教学的目的相吻合，因此在程校长的理论指导下，笔者尝试探索一些基于培养学生思维的新闻教学的方法和策略。

一、还原主体体验，"走进"新闻现场

新闻传播是由传播主体、收受主体、传播媒介和传播内容四大要素构成的一个双向传播过程。在传播学中，研究受众的一般心理，进行传受双方的心理调谐，是传播的重要内容。因此在新闻教学中，教师首先要重视读者这一受众的心理状态，就课本教材的新闻选篇而言，教师要注意还原读者的主体体验，让学生"走进"新闻现场。在《奥斯维辛没有什么新闻》一课的教学伊始，笔者就采用了图片的形式，进行现场还原。

师：（播放鲜花环绕的奥斯维辛集中营"死亡墙"的照片）请同学们猜一下，这是哪里？

生1：是奥斯维辛集中营。

师：从哪里看出来的？

生1：我在其他书上看过，这是德国纳粹杀害犹太人的"死亡墙"。

师：对的，这就是奥斯维辛集中营的"死亡墙"。1958年，美国记者罗森塔尔参观了这个集中营。我们今天也去参观一下，看看这里曾经发生过什么。

展示集中营的大量照片。

师：看完这些照片，你有什么感受？请写一段观后感。

生开始写作。

师：请几位同学来分享一下你的参观感受。

生2：我感到很震惊，纳粹居然杀死了这么多无辜的人。

师：（板书关键词）震惊。

生3：我感到很愤怒，他们连老人、小孩子都不放过，真的是禽兽不如！

师：（板书关键词）愤怒。

生4：我感到悲伤，有这么多鲜活的生命，在这个地方遭受这样残忍的虐待，直至死去。（生哽咽）

师：（板书关键词）悲伤……

著名战地记者帕卡说过："你拍得不够好，是因为你离得不够近。"对于新闻受众来说，要想深入地了解事件本身，必须要和事件"离得足够近"，笔者用图片这种"一目了然"的形式，正是出于这一考虑。相对于文字报道，图片报道更为感性动人、现场感更强，因此对读者的影响也更为直接。通过图片展示还原当时的情境，让学生"走进"了新闻的现场。而只有"走进"新闻的现场，身临其境，在视觉的冲击下了解事件的真实状况，才能让学生的心灵颤动，引起学生的思考。

二、开展比较变异，抓住新闻核心

新闻倡导"用事实说话"，但是传播学认为，呈现给受众的新闻报道已经是经过传播主体"加工"之后的内容，不管新闻报道如何客观，都无法避免其态度和倾向。正是这种"态度和倾向"导致了新闻的差异性。瑞典哥德堡大学马飞龙（Marton）教授的变异理论认为，学习源于变异，学生需要通过对所学内容的关键属性进行区分，从而掌握教学内容。因此在新闻教学中，教师应该抓住典型细节，通过审辨的方式，引导学生探究新闻报道独有的价值取向。

例如，《奥斯维辛没有什么新闻》一课的教学，笔者在学生"走进"新闻现场，产生主体体验之后，让学生阅读新闻，并提出一个问题：

罗森塔尔也是一个参观者，但是他在新闻中主要写了什么？

学生很快找到了罗森塔尔的新闻主要在写"参观者"这一差异，于是笔者进一步追问：

你觉得有哪些东西他没有写出来？为什么不写？

笔者请之前分享感受的学生再次分享。学生发现，罗森塔尔并没有写自己作为一个参观者的震惊、愤怒和悲伤，而是通过记录参观者的表现来体现奥斯维辛集中营的惊悚。学生继续分析，不写自己的情感，是为了保证新闻报道的"真实性"。在笔者的介绍下，学生深入理解了新闻"零度写作"的表达技巧。还有学生进一步分析，这样看似"平淡"的写作，给人一种冷静的感觉，是为了提醒读者不要忘记这一段历史，更是为了提醒人们要冷静思考奥斯维辛的灾难是由谁制造的。由此可以看出，通过关键属性的比较，学生的思考逐渐深入到了新闻的核心。

再如，在教学《别了，"不列颠尼亚"》一文时，在学生从新闻文体知识的角度阅读了文本之后，笔者向学生展示了其他国家和地区对这一事件的报道。

路透社：6月30日午夜时分，当查尔斯王储将香港归还中国时，英国结束了一度强大的大英帝国历史。

美联社：随着午夜国旗的交换，焦虑不安和兴奋的香港今天摆脱了156年的殖民时代，并开始了在欢欣鼓舞的共产党中国主权下捉摸不定的新时代。

通过比较，学生很明显地感受到了英国媒体在香港回归时对自己国家强大不再的无奈和不甘，美国媒体则表现出对香港前景的怀疑。然后笔者让学生再次阅读新华社的报道，学生很快就明白了在香港回归之时，作为一个中国人对中华民族洗雪百年耻辱、扬眉吐气的自豪感。正是由于比较和变异，学生才能够分辨新闻的典型细节，抓住新闻的核心。

三、追溯写作意图，培养学生思维

众所周知，选入教材的新闻，已经不再属于严格意义上的新闻，而是沉淀为新闻经典的名篇，但是新闻教学仍然以这些名篇为依据，是因为它们"至今重读，仍震撼人心"。显然，这种震撼力并不仅仅源于新闻事实本身，而更多地源于记者对事实的出色报道。那么，在新闻教学中，我们不仅要教会学生"从新闻中读取观点，读出作者的微言大义和'春秋笔法'，还要能够以反思性和批判性的眼光来对待新闻报道"。笔者认为，通过文本追溯作者的写作意图，是实现这一目标的有效途径。

例如，《人民解放军百万大军横渡长江》是毛泽东的新闻经典。王君老师在教学本课时，设计了一个这样的问题：

东路军很烦恼，因为他们被毛主席安排在新闻四个层次的最后一层，他们不服气，认为自己的位置完全可以往前移动，你以为如何呢？你能说服他们理解毛主席的安排吗？

王君老师这个问题的智慧之处，在于把学生放到了作者的位置，至少是和作者同向的位置来看待新闻，其根本目的是引导学生追溯作者的写作意图，以此培养学生的新闻写作思维。笔者在教学此文时，设计了一个类似的问题：

这篇新闻的导语已经很明确地说明了"人民解放军百万大军横渡长江"这一消息，后面又详细地分别讲各路军的情况，是不是太啰唆了？能不能请作者删去一部分内容？

通过这一问题，学生开始追溯作者的写作意图，发现作者在新闻中写明详细时间，是为了体现解放军渡江速度之快；写明详细地点，是为了凸显解放军渡江范围之广，气势如虹。这样写作，既是为了凸显解放军的势不可当，也是为了显示国民党军队的溃不成军，从而表明国民党挑起内战是不得人心之举。通过追溯作者的写作意图，作者的宣传智慧变得清晰可见，也培养了学生的写作思维。

再如，在学生学习了《奥斯维辛没有什么新闻》一课之后，笔者提出一个问题：

这篇新闻还有过一个题目，叫作"布热金卡：阳光明媚，鸟语花香"，你认为哪个题目更好？

这是一个开放性的问题。有的学生认为"奥斯维辛没有什么新闻"更好，因为它体现了作者罗森塔尔想要警示人们不忘历史、深刻反思的写作目的；也有学生认为，作为一篇新闻，"布热金卡：阳光明媚，鸟语花香"这个标题更好，因为它更符合新闻的实际，同时通过对比体现出作者想要警示人们不忘历史、深刻反思的写作目的，而前面一个标题有一点"标题党"的嫌疑，似乎不符合罗森塔尔的写作本意。

通过追溯作者的写作意图，我们达到了批判性思维所倡导的通过"评估、比较、分析、批判和综合信息"，让思维变得更加理性的目的。

参考文献

［1］朱春玲.新闻教学的价值、内容及策略——以语文版修订教材《语文》为例［J］.语文建设，2016（5）：12–15.

［2］胡勤.新媒体新闻教学探索［J］.语文建设，2016（5）：19–21.

［3］程红兵."课堂模型"之明德设计［J］.上海教育，2015（10）：18–19.

［4］张勇.香港回归报道的比较分析［J］.新闻大学，1998（1）：26–30.

［5］倪文尖.新闻教什么怎么教［J］.语文建设，2016（5）：9–11，21.

［6］张春田，施萍.新闻：阅读与写作［M］.上海：上海教育出版社，2007.

［7］王克强.依体导学——探究有效的新闻教学策略［J］.语文建设，2016（5）：16–18.

［8］［加拿大］董毓.批判性思维原理和方法［M］.北京：高等教育出版社，2010.

跨学科整合资源，激发语文教学的思维力

——以《梦回繁华》为例

深圳明德实验学校　杨佳富

为了推进现代学校教育，跨学科课程的设计与实施已是科学发展的必然要求，跨学科课程整合逐渐成为世界范围内课程改革的重要形态。近年来，我校积极尝试和探索跨学科整合教学，并取得了一定的成效。笔者将结合部编版教材八年级上册第五单元《梦回繁华》这篇课文的跨学科整合设计，谈谈这一教学理念的价值和作用。

一、跨学科整合教育资源，提升教师自身的综合素养

《梦回繁华》是一篇介绍《清明上河图》的说明文，对学生来说，除了文言文，说明文是最枯燥无味的。为了将这篇课文上得"有味"，笔者采用了跨学科整合这一教学理念，抓住"繁华"一词，从语文、历史、美术的角度，分别解读了这幅画所呈现出来的繁华景象。这样的设计，既包含了文本所涉及的说明文知识，又增添了该文本特有的文化韵味和艺术价值。要上好这堂课，除了语文学科知识，还要有历史和美学知识的辅助。只有这样，学生才能真正读懂这篇文章，理解《清明上河图》的绝世价值。为了备好这节课，笔者读了余辉的《隐忧与曲谏》，更深层次地认识到张择端当年创作这幅画的真正意图，同时还了解了散点透视法，懂得了张择端构图的精妙。如果没有跨学科设计这篇说明文的教学方案，那么笔者就不会去触碰这幅画背后的深层意蕴和内涵。所以跨学科设计能将原本看似分离的学科融合在一起，从不同学科的视角，分

析同一个问题或一个物象，分析得不仅全面，而且更加深刻。这样的语文课堂教学更有趣、有料、有深度。在不断探索和积累其他学科知识并将它们融会贯通的同时，个人的综合素养也得以提升。

二、跨学科整合教学资源，优化学科教学结构

跨学科整合，合理利用学科之间相互渗透、彼此依存的关系，使语文教学更加有活力。《梦回繁华》这堂整合课，由三位教师合作完成。笔者从语言文字的角度，解读本文是如何将《清明上河图》中的繁华景象呈现出来的；美术老师从绘画的角度，解读《清明上河图》的构图之法；历史老师从文献资料的角度，证实北宋当年的繁华以及揭开这份繁华背后的隐患和危机。三个不同的学科，三个不同的角度，三种不同的教法，在同一堂课中呈现。这和传统的教学方式有明显的区别，过去各学科之间缺少联系，甚至强行割裂，而跨学科整合教学是相互渗透、相互融合的，在教学方式上可取长补短，真正做到有效教学，提高课堂效率。

三、跨学科整合教学资源，激发学生学习兴趣

跨学科教学资源的整合，有利于拓展学生的思考范围和活动空间，提升学生的学习兴趣，使整个学习过程成为一个自主学习、自主探索的过程。

在《梦回繁华》这堂课上，笔者首先展示了《清明上河图》的片段。提问：为什么《清明上河图》会名垂千古呢？在古代名画中它不是尺幅最长的，清代的《姑苏繁华图》是它的两倍；它又不是最早的，东晋顾恺之的《洛神赋图》比它早八百年。这一提问激发了学生了解《清明上河图》的强烈兴趣。接着，笔者从语言文字的角度解读了《清明上河图》中的繁华景象。课中，美术老师从绘画构图和设色的角度解读这幅画，学生听得十分认真，特别是在讲焦点透视法和散点透视法的区别的时候，学生兴趣极浓，兴致极高。因为这是在传统语文课堂上绝不会学到的知识，传统的语文课更不会如此细致地解读这幅画本身的艺术特色。紧接着，历史老师从史学角度，验证《清明上河图》中繁华景象的真假。他借助文献资料，用当年北宋的人口数量和GDP证实，画中的繁华当年确实存在过，同时还揭露了繁华背后的忧患和危机，紧扣文题——梦

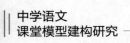
回繁华。课堂的最后，笔者用还原思维的方法对整堂课进行了总结。

在整堂课中，学生听课认真，课堂氛围活跃，课堂效率很高。

总之，跨学科整合教学能够进一步提高教师的综合素养，增强学生团队合作意识，提高课堂效率，还可以优化学科结构，减轻学生负担，提升学生学习兴趣，激发学生学习语文的积极性和创造性。若能很好地运用这一教学理念和方法，语文课堂教学会更具活力和生命力，同时也能为教育改革提供一个新的视角和方向。

第六章

阅读写作类教学

巧借绘本资源，搭建写话平台

——说话习作课堂模型再探

深圳明德实验学校　许益玲

一、学情分析

　　说话、写话教学，指的是针对一、二年级的学生所进行的口头语言和书面语言训练，目的在于促使第一学段学生的口头表达能力与书面表达能力协调发展。相关研究表明，幼儿大脑右半球的语言区从7个月起便开始发展，而后发展为大脑中最发达的区域，该区域负责人的口语表达功能，但负责书写和语言逻辑组织的区域却没有得到相应的发展。因此，从说话过渡到写话，是二年级语文教学的重点，也是难点。

　　从一年级开始，在教师和家长的双向配合下，二（4）班开展了"书籍漂流袋"活动，双休日也常有家长组织学生进行"图书共读会"。在这种阅读氛围的陶冶下，多数学生的阅读兴趣得到增长，阅读能力进一步提高。学生已经具备了较广的知识面和较强的口语表达能力，但在第一次进行写话尝试时，学生难以适应由说到写的转换，主要问题表现在：

　　（1）无话可写。面对写话主题，只用寥寥几句话形容，缺乏对细节的描述。

　　（2）无从下手。部分学生在口语表达时滔滔不绝，但真正落实到写时，缺乏逻辑性，无法正确组织、串联语句。

　　（3）有畏难情绪。写比说更费力气，一些字词积累不够的学生在写话过程中经常遇到不会写的字、不知该如何表述的词，频遭打击，畏难情绪一上来，就搁笔不写了。

二、课堂模型要素之行为目标

新课程标准对第一学段的写话要求非常明确：对写话有兴趣，写自己想说的话，写想象中的事物，写出自己对周围事物的认识和感想。在写话中乐于运用阅读和生活中学到的词语。

根据学生的年龄发展特点、阶段性认知规律、学情现状以及新课程标准的要求，笔者制定了以下行为目标：

（1）声情并茂地讲述绘本故事，用丰富的视觉冲击和声音效果引起学生的兴趣。

（2）引导学生观察绘本中关于"小蜜蜂雨林历险"的图片，分小组讨论5分钟，每个小组说出1～2幅图片所呈现出的历险事件。

（3）选择学生所说的其中一个事件，引导其梳理出故事的时间、地点、人物、起因、经过、结果。

引导问题如下：

这是一只怎样的小蜜蜂？

它去了哪里，为什么会去那里？

它遇到了谁？

它们之间发生了什么故事？

最后结果怎么样？

（4）梳理出故事框架后，进一步引导学生为故事的主干添枝加叶，包括运用外貌描写、概括故事起因、明确故事人物、运用语言描写和设置结局。

这是一只怎样的小蜜蜂？——外貌描写

它去了哪里，为什么会去那里？——起因

它遇到了谁？——人物

它们之间发生了什么故事？——语言描写

最后结果怎么样？——多样化结局猜想

（5）完成一篇"小蜜蜂雨林历险记"。鼓励学生展开想象，重新创造课堂上没有讲解、绘本上没有画出的故事。由此实现语文学习的总体目标：能主动进行探究性学习，激发想象力和创造潜能，在实践中学习和运用语文。

三、教学过程设计

1. 还原背景——阅读绘本，引入课题

为了便于学生理解相关知识，掌握技能，课堂教学应当进行多种方式的还原。在小学阶段，学生以形象性思维为主，他们尚未学会选择习作素材，也不懂得将自己在真实世界里的习得结合起来。因此，创设情境，还原写作背景显得尤为重要。

笔者选用了《莱特先生的新图画书》作为本次课堂写作教学的背景。

《莱特先生的新图画书》是一本主题为"书籍制作"的绘本。它用大量的图画和简洁明了的文字呈现了作家莱特先生出版《小蜜蜂雨林历险记》的过程：确定主人公—构思人物形象—确定故事地点—构思故事情节—绘图—出版。

带领学生们阅读了故事之后，笔者以此为切入点，展开了本堂课的写话教学。

有趣的是，绘本本身已经搭建了一个写作的框架——如何编一个故事，但它并没有用大量的文字进行叙述。一方面，延展性、跳跃性的画面能引领学生走进故事情境，给本次写话提供一个想象的平台；另一方面，文字的留白又使它不至于限制学生的想象思维。

2. 还原变异——驰骋想象，增补绘本

带领学生阅读了绘本、了解了故事背景后，利用低年级学生好奇心强、乐于寻找未知答案的心理特点，笔者开始启发学生打开想象的阀门，用自己的奇思妙想去增补绘本缺少的文字叙述。

师：莱特先生的新书《小蜜蜂雨林历险记》出版后，受到了读者的追捧！老师真的很想知道小蜜蜂在雨林里究竟遇到了谁，绘本里有没有告诉我们？

学生观察绘本。

生1：遇到了猴子。

生2：遇到了鳄鱼。

生3：遇到了河马。

师：那小蜜蜂和它们之间可能发生什么故事？

学生思考、讨论。

生1：猴子在香蕉树下睡觉，小蜜蜂在香蕉上跳来跳去，结果把一个熟透的香蕉弄掉了，砸到了猴子，猴子很生气……

生2：猴子和河马忙了一天，正在睡午觉呢，小蜜蜂刚来到雨林可兴奋了，一直在唱歌，把它们都吵醒了。

生3：小蜜蜂飞呀飞，飞得很累了，它来到一个小湖边，看到湖上面有一个绿色的小岛，就飞到上面去休息，刚停下没一会儿，小岛就开始摇动起来！其实这不是岛！是鳄鱼浮在水面上的头！

师：这可真是太惊险了！

（设计意图：在这个环节里，笔者首先让学生到绘本中去"还原"，去寻找图画里的蛛丝马迹，从而发现小蜜蜂在雨林里遇到了猴子、鳄鱼、河马这一线索。然后由此突破，引导学生用想象力去还原更为复杂的故事情节。）

3. 动态视角——头像风暴，再塑绘本

在第二个环节中，学生想象的阀门已经打开，课堂的气氛也变得活跃，但笔者并不甘心将学生的思路禁锢在绘本之中。绘本搭建的只是写话的平台，在实际教学中，应当依托绘本，并高于绘本。因此，在第三环节，我试图鼓励学生从多个角度思考，用动态的视角去塑造绘本上没有的故事。

师：除了书上画的这些动物，你们觉得，小蜜蜂还可能在雨林中遇到谁？发生什么样的故事？有人能出一本《小蜜蜂雨林历险记》第二集吗？老师想看看，哪组小朋友的主意最多。

学生思考、讨论，最开始的思维很难打开，于是笔者先举了一个例子。

师：老师觉得，小蜜蜂进了雨林，首先看到了一张美丽的网！那张网实在太美了，是它从来没有见过的图案，上面还挂着一颗颗水滴，在阳光下闪闪发光呢。小蜜蜂朝着网飞过去，结果一碰到网就被粘住了！这时候，网的另一头爬来一只长毛的大蜘蛛！

生1：蜘蛛会不会把小蜜蜂吃了？

师：我也不知道呢，你想怎么往下编？

生1：蜘蛛慢慢朝着蜜蜂爬过去，就在它准备把小蜜蜂吃掉时，树上掉下来一个果子，把蜘蛛网砸成了两半，小蜜蜂趁机逃走了！

师：小蜜蜂真是太幸运了！

生2：在蜘蛛准备吃掉小蜜蜂的时候，一只螳螂出现了，它挥起大钳子，把蜘蛛网砍成了两半！原来，是小蜜蜂的妈妈让螳螂警长过来找小蜜蜂的！

师：小蜜蜂有个好妈妈，雨林有个好警长。

生3：它还可能遇到大马蜂！小蜜蜂看到一个巨大的蜂窝，以为是自己同伴的家呢！结果一进去，发现里面都是一些比自己身体大好几倍的同类——马蜂！马蜂看到小蜜蜂偷吃蜂蜜，非常生气，就把小蜜蜂赶出了马蜂窝。

生4：它还可能遇到一朵美丽无比的花！小蜜蜂正想过去采蜜呢，花却突然动了起来，小蜜蜂吓死了！原来，那是一只美丽的花蝴蝶！

生5：它还可能遇到雨林之王——狮子！狮子本来不想伤害它的，可是小蜜蜂看到狮子太害怕了，不小心用屁股针扎到了狮子，狮子很生气，派手下把小蜜蜂关进了玻璃瓶子牢房！晚上，一只好心的乌鸦用石头砸碎了瓶子，把小蜜蜂放了出来！

师：故事真曲折，简直惊心动魄啊！

（设计意图：在带领学生穿越绘本丛林时，不一定要驻足于一处风景。用动态的视角去看待绘本故事，从解读绘本走向创造绘本，从理解绘本走向发展绘本，从教师讲解走向学生自发地思考、创作，这时，学生的表达欲望也会高涨。）

4. 还原思维——循循诱导，分步教学

前三个环节顺利实施之后，学生们基本上能做到有话可说、有情可表，但落实到写，仍然存在困难。主要症结在于，很多学生的故事创意很好，但往往用两三句简单的话就表述完了，缺少必要的细节描写，以至于故事干巴、空洞，缺乏可读性。因此，在这一环节，笔者借助分布写作法，将写作的思维过程一步步还原，帮助学生达到"思维的可视化"。

描写小蜜蜂的外貌：

师：刚刚我们说了那么多有趣的点子，如果要写下来，该怎么写呢？首先，我们来观察一下我们可爱的主人公——小蜜蜂。既然是以它为主角的故

事，是不是应该向读者介绍一下这只小蜜蜂啊？老师之前讲过外貌描写，谁知道有哪几个要点？

生1：要有顺序。

生2：写出特点。

生3：可以用比喻句。

师：那我们来看，小蜜蜂圆圆的小脑袋，可以怎么写？

生1：小蜜蜂的脑袋圆圆的，像一颗小玻璃球。

生2：小蜜蜂的脑袋圆溜溜的，像一粒黄豆。

……

师：小蜜蜂脖子上有一圈绒毛，你们觉得像什么？

生1：像戴着一条项链。

师：连起来说。

生1：小蜜蜂的脖子上有一圈绒毛，像戴着一条项链。

生2：小蜜蜂的脖子上有一圈绒毛，像围着围巾！

……

师：小蜜蜂身上是什么颜色？

生1：一条一条的，有黑色，有黄色。

师：那你觉得像什么？

生1：像穿着条纹衣服一样。

师：还有什么地方你们想描写？

生1：小蜜蜂头上有一对触角，好像探测器一样！

师：非常精彩。小蜜蜂的脑袋圆圆的，像一颗玻璃球。它的脖子上有一圈绒毛，像围着一条围巾。身上是黑黄相间的，好像穿了一件条纹毛衣！这就是我们可爱又调皮的小蜜蜂！它趁着妈妈不注意，偷偷溜走了，飞到了远处的热带雨林里！

描述故事：

师：那故事我们可以怎么写呢？拿老师编的故事来举例子吧！小蜜蜂遇到了蜘蛛。小蜜蜂看到了一张美丽的蜘蛛网。你们猜猜，这个时候小蜜蜂会说些什么？

生1：小蜜蜂害怕地说："你……你……你是谁？你想干什么？"

生2：小蜜蜂立刻大叫："救命！救命！"

生3：小蜜蜂很着急："哎呀！这网怎么这么黏！飞不起来了！"

……

师：看到小蜜蜂，蜘蛛会说些什么？

生1：蜘蛛很得意，说："又有一个猎物上钩了！"

生2：蜘蛛饿极了，说："小家伙，我现在就要把你吃掉！"

生3：蜘蛛笑着说："不用挣扎了，我的网织得可牢固了！你逃不掉的！"

师：小蜜蜂会求饶还是静静等待被吃掉的时刻来临？

生1：小蜜蜂肯定会求饶，它伤心地说："求求你，蜘蛛大哥，不要吃掉我！"

生2：小蜜蜂这时候想起妈妈了，说："妈妈，你在哪里？快救救我，我再也不乱跑了。"

师：孩子们，你们看，这样一写是不是更加生动了？我们在之前的课文里学了这么多语言描写，现在就要学以致用啊，写故事过程的时候，要写出角色之间的对话。

设置结局：

师：故事的过程描述完之后，你们来说说，你们的小蜜蜂最后怎么样了？它回家没回家？

生1：回了，雨林太可怕了，小蜜蜂脱离危险之后，马上飞回家了。

生2：说不定它刚刚脱离危险，又贪玩，跑去其他地方了。

生3：可能它的妈妈已经来雨林找它了。

生4：可能有个好心的动物送它回去了。

师：孩子们，你们看，说到这里，这个故事已经写得差不多了。老师给大家总结一下，开头可以写小蜜蜂的外形；过程要写小蜜蜂遇到了谁、发生了什么事情，适当加一些语言描写；最后可以发挥你们的想象，给故事写一个有创意的结局。

（设计意图：叶圣陶先生曾经说过："教学生练习作文，要他们先写提纲，就是要他们想清楚然后写，不要随便一想就算了，以有点儿朦胧的印象为满足……"在我看来，还原写作的思维，就是帮助学生列提纲，教会他们怎么把脑子里的故事分段阐述出来，用哪些方法阐述。自主列提纲，一般从三年级开始。在低年段，教师如果能分步骤教作文，并把学生的发言总结成提纲展示出来，就能让学生清晰地看到其思维过程，学生写作时便能了然于胸。）

在这次作文教学后，笔者收到了五花八门的作品，阅读时禁不住为学生的想象力所折服。有的学生一个周末写了三篇《小蜜蜂雨林历险记》，乐此不疲。希望接下来，笔者能依托于更多形式多样的文本，组织、结合不同的课堂模型要素设计说话习作课，让学生敢写作文、能写作文，甚至乐写作文。

参考文献

［1］程红兵."课堂模型"之明德设计［J］.上海教育，2015（10）：18–19.

［2］马澜芝.小学"读+X＞写"绘本写话教学模式探索与实践［J］.生活教育，2014（22）：30–32.

［3］姚颖.图画书：一种小学语文课程资源——以口语交际和写话为例［J］.教育研究与评论（小学教育教学），2011（9）：13–21.

［4］郑秀文.徜徉于课文和绘本之间搭建低年级主题写话桥梁［J］.科学大众（科学教育），2015（2）：78–79.

［5］杨华蓉.精心呵护兴趣之花——如何有效培养低年级学生的写话兴趣［J］.新课程·小学，2014（2）：94–95，97.

基于课程整合视角的整本书阅读

——以《苏东坡传》为例

深圳市龙华区外国语学校　杨金锋

　　整本书阅读的价值和意义是毋庸置疑的，但读得怎么样，即阅读如何评价是一个重点和难点。笔者所在的学校以"HSA课程整合"的理念推动整本书阅读，深受师生、家长欢迎。HSA，"H"是"Humanities"的缩写，指文科；"S"是"Science"的缩写，指理科；"A"是"Art"的缩写，指艺术。HSA课程整合是一种针对学科知识本位导致的学科壁垒、背景缺失、思维单一等问题而探寻学科融合的教学理念，旨在寻求不同分科课程内容之间所具有的逻辑上和价值上的相关性，借此打破学科隔阂，优化学生认知结构，培养学生思维的广阔性、深刻性与批判性。在整合课程中，教师根据课程价值定位、课堂教学内容、课堂教学目标与实际学情，把学生置于问题的情境之中，用STEAM（S代表科学，T代表技术，E代表工程，A代表艺术，M代表数学）理念，提高学生解决问题的能力，提高课堂的思维流量，提升学生的思维力。

　　下面笔者以《苏东坡传》为例，重点讲述如何以HSA课程整合的理念进行阅读评价，以期大方之家指正。

　　张嘉欣老师所教的八年级学生在阅读完《苏东坡传》之后，以小组的形式完成了一项作业：联系《苏东坡传》，设计一座苏轼纪念馆。纪念馆包括四个内容，即选址、展厅、雕塑以及楹联。每个小组选取一个代表，以纪念馆推荐会的形式进行汇报，全班投票，选出最佳设计奖。学生们在课下分工合作，制定方案，一周后进行汇报。

阅读汇报课上，学生们以苏轼纪念馆策划者的身份娓娓道来，自信大方，意气风发，令听课老师眼前一亮。

在纪念馆的选址上，六个小组分别选了四个地方：眉山、黄州、杭州、儋州。选眉山很好理解，苏轼出生于此，很多名人贤达去世后在故乡都有纪念馆，符合中国文化的传统思想和思维。选黄州的有三组，理由同中有异，一个小组这样阐释选黄州的理由：苏轼人生中第一次被贬就是被贬到黄州做黄州团练副使，那是苏轼人生中最重要的一次转折。那次打击是十分沉重的，昔日的廊庙之器，一下沦为戴罪之身，苏轼走上了下坡路，也从此自称东坡居士……另外一个小组是这样解释的：这里是苏轼被贬职的地方，也是东坡肉的发源地，苏轼在这里写下了许多千古名句（大概743首！），如《念奴娇·赤壁怀古》……还有一个小组认为苏轼的号——东坡源于黄州，从此苏轼声名鹊起，故选黄州。选杭州的学生认为苏轼一生两次来到杭州任职，待在杭州的这些岁月是他一生中最快乐的时光，而且现在的杭州还有苏堤的存在，选址于此更利于宣扬和传播苏轼的事迹。选址儋州的学生则认为苏轼在儋州度过了一段极其艰苦的日子，在此他充分展示了自己的乐观，由此诞生了"乐天派"一说。苏轼在儋州度过了他人生中的最后一个重要阶段，不管是儋州对于苏轼，还是苏轼对于儋州，相互都产生了深远的影响，东坡精神在儋州得到了再次升华。

纪念馆的选址为学生设置了一个具体的情境，是一个必须解决的问题，而且它涉及文学、历史、地理、民俗等各门类。换句话说，教师把学生置于问题的情境之中，培养的是学生解决问题的能力。无论选择哪里都要认认真真读书，更重要的是把读与思、思与做、做与说紧密结合。从现场汇报来看，学生们走近了苏轼。

纪念馆展厅的布置是技术更是艺术，其前提是对纪念馆核心人物一生的理解。学生的汇报大致可以分为以下三种情形：①分类展出。有一个小组把展馆分成四部分——艺术、学术、社交和政治；有一个小组把展厅分为五部分——脑中忆、壮之抗、乐天轩、诗赋堂、足下行。②分期展出。把苏轼的一生分成不同阶段进行展出，如有个小组把展厅相应分成初生（1037—1061）、初入官场（1062—1079）、回归（1080—1093）、流放岁月（1094—1101）。③分区展出。有个小组把展厅分为主展区和副展区，主展区主要展示苏轼的成就，副展区特设于浙江杭州、海南儋州，重点展出苏轼在这些地方的事迹。

从专业的角度上讲，每一组的设计都有一定的问题，但对于一群十三四岁的学生来说，能做出如此设计已经令人称奇。展厅设计不仅涉及对苏轼一生的了解，更重要的是理解、提炼、分类、设计，这里面有对人物的认知，有对文化的思考，有对创新能力的要求，需要系统的思维。

纪念馆雕塑是文化的符号，需要全面考量。有的小组着眼于苏轼的影响，选择苏门四学士作为雕塑立于馆内；有的小组考虑到家庭渊源，选择三苏（苏洵、苏轼、苏辙）作为纪念馆雕塑；有的小组挖掘苏轼的情感世界，选择苏轼一生中三个重要的女人（王弗、王润之、王朝云）作为纪念馆雕塑；有的小组着眼于人物关系，选择欧阳修、苏轼、苏辙作为纪念馆雕塑；有的小组联系历史和个人际遇，选择王安石、苏轼、苏辙作为纪念馆雕塑，并且把苏轼与王安石的关系定义为"相爱相杀"，把苏轼与苏辙的关系定义为"至亲知己"……

纪念馆雕塑设计展示仁者见仁，智者见智。从这个环节，我们不难看出学生不仅读书了，而且读得很深。小组之间彼此互补，思想碰撞，加深了学生对苏轼一生的了解。

楹联设计环节更是惊喜不断。"游走万里苦中作乐，五湖四海乐此不疲。横批：与世无争"，注重苏轼的精神内核；"胸怀浩志却命途多舛，身经忧患然宠辱不惊。横批：千古才子"，突出苏轼的乐观品格；"三番波折尚守云开，五载流离犹盼月明。横批：浩然正气"，书写苏轼的人生格局；"儒释道三家集一身叹生死两茫茫，诗词文百篇汇千山唱明月几时有。横批：大江东去"，注重苏轼的一生成就……

楹联书写需要语言的凝练和文学的积淀。从专业的角度讲，学生设计的楹联可能对仗不够严格，但这丝毫不影响学生的才气、才情。这个环节语文味特别足、文化味特别浓。

杜威说："不断改进教学方法的唯一的直接的途径，就是把学生置于必须思考、促进思考和考验思考的情境之中。"这是STEAM课程在全球迅速火起来的一个重要原因。STEAM课程的要义是用工程的方法解决问题，其价值追求在于关注社会问题，提高学生解决问题的能力，提升学生综合素养，着眼于未来的学习。而阅读的终极追求是引领精神成长，发展思维能力，激发想象力和创造潜能，为人生奠基，为生活赋能。可见，二者是相通的。这也是我们HSA课程整合的出发点。

这样一节整本书阅读评价课，教师为学生设置一个问题场景，退居幕后，成了背景；学生直面问题，走到台前，成了风景。这样的阅读课很大气、接地气、有文气，引人深思，原因有以下几点。

1. 有智慧

首先，智慧在于教学设计之巧，巧在于用四个问题串联整本书的阅读评价，充满趣味和挑战；其次，智慧表现在教学方式的转变上，运用模拟推荐会的形式，把学生推到前台，教师退到幕后，还课堂于学生；最后，智慧还体现在教学策略的实施，利用项目制学习的方式，在合作中学习，既是教语文，又是教素养，更是教做人。

2. 有文化

这种文化体现在教学的课程意识中。这节课一改以往传统的课堂形式，进行语文、美术、建筑、民俗、历史、地理等学科的整合。在整合过程中，以语文为主线，让其他学科服务于语文教学。这样为学科教学创设一个多角度、大视野、深思考的学习情境，呈现出思维层次深、开放程度大、文化意味浓的课堂。

3. 重素养

这节课以整本书阅读评价为切入点，以设计苏轼纪念馆为载体，着力于学生对实际问题的解决。而要很好地完成任务则需要良好的合作沟通能力、提炼概括能力、规划设计能力、鉴赏创造能力、传播输出能力等，考量和展现的是学生的综合能力。

4. 敢创新

教师以STEAM课程理念进行HSA课程整合，打通学科，有趣、有料、有效，注重学生思维能力和创新能力的培养，别具一格。跨界和融合是未来社会发展的趋势，它需要的就是这种多学科综合的能力和解决问题的能力。

朱永新先生说："一个人的精神发展就是他的阅读史，一个民族的精神境界取决于这个民族的阅读水平。"而阅读评价是阅读过程中非常重要的一个环节，因此，一线教育者责任重大。在整本书的阅读上，我们不妨转变一下理念，与时俱进，用整合的方式，以工程的方法，进行阅读评价，提高阅读的效率。